名师名校名校长

凝聚名师共识
回应名师关怀
打造名师品牌
培育名师群体

特殊教育
情与思

陈丽江 / 主编
但瑰丽 郑 智 / 副主编

东北师范大学出版社
长 春

图书在版编目（CIP）数据

特殊教育情与思 / 陈丽江主编. —— 长春：东北师范大学出版社，2023.2
ISBN 978-7-5771-0110-1

Ⅰ.①特… Ⅱ.①陈… Ⅲ.①特殊教育—广东—文集 Ⅳ.①G76-53

中国国家版本馆CIP数据核字（2023）第037310号

□责任编辑：石　斌　　　　　□封面设计：言之凿
□责任校对：刘彦妮　张小娅　□责任印制：许　冰

东北师范大学出版社出版发行
长春净月经济开发区金宝街118号（邮政编码：130117）
电话：0431-84568023
网址：http：//www.nenup.com
北京言之凿文化发展有限公司设计部制版
北京政采印刷服务有限公司印装
北京市中关村科技园区通州园金桥科技产业基地环科中路17号（邮编：101102）
2023年2月第1版　2023年4月第1次印刷
幅面尺寸：170mm×240mm　印张：13　字数：165千

定价：58.00元

编委会

主　编：陈丽江

副主编：但瑰丽　郑　智

编　委：（以姓氏拼音字母为序）

高燕玲　黄　静　赖华南　李从军　李燕珠

刘　园　罗满丽　罗　琴　马晓晨　麦子翘

秦铭欢　孙明昊　王　鹏　王秋风　王唯颖

王燕玲　吴嘉丽　肖　蓓　禤姝颖　袁君丽

袁　园　曾子豪

前 言

在担任深圳市陈丽江名师工作室的主持人时,我曾公开出版了《特殊教育爱与行》一书。不少看过此书的一线特教教师、普校教育同仁以及有特殊孩子的家长,甚是喜欢。普校教师说,在书中,他们读到了很多动人的故事,看到了特殊孩子的纯真与可爱,体会到了特教教师的辛苦和不易。学生家长说,在书中,他们看到了特殊教育的专业性,孩子们的每一点进步都是特教教师通过特殊的教育方法和训练技巧,加上不懈的努力和坚持换来的,这让他们对特殊教育工作者心怀敬意。一线特教教师说,看了上篇"爱的声音",他们心中感慨万分,太多的故事犹如发生在自己身上,酸甜苦辣,感同身受;看完下篇"行的足迹",内心感到惊喜,因看到了很多教学方面的探索和反思,发现了许多可以借鉴的经验和方法,有利于自己今后各项工作的开展……看到大家的反馈,我心中甚是感激,借此机会对各位表示衷心的感谢,有了你们的肯定,才有这本新书的出炉。

凝聚广东省陈丽江名教师工作室学员们集体智慧的《特殊教育情与思》要与各位读者见面了。此书延续了《特殊教育爱与行》的风格,分为上、下两篇。上篇为"情深意暖",主要描述的是工作室学员们温暖的教育故事。特殊教育工作不容易,每一位特教教师都有许多不为人知却感人至深的小回忆。有的学员写了自己与特殊孩子们课堂内外的互动,一幕幕催人泪下;有的学员写了自己从事特殊教育的心路历程,虽然艰难,却从不曾想过放弃……还有很多,读后都令人动容,让人返璞归真。"纸上得来终觉浅,绝知此事要躬行。"下篇"思行悟道"主要讲的是学员们在教育教学及科研中的思考和实践。"学、思、研、悟",知行合一。在这里,您能看到特教人踏实执着的教育精神和低调精深的教育智慧。相信此书会给大家一些启迪和感悟。同时,学员们大部分是年轻教师,书中如有疏漏不当之处,敬请各位读者批评指正。

每一分努力都不会被辜负,每一个美好都不曾被忘记。广东省陈丽江名教师工作室成立一年多来,得到诸多前辈的指导、领导的关怀、同行的鼓励、学员的支持,让我深深铭记并无比感恩,千言万语汇成一句:感谢有您!

陈丽江

2022年12月于深圳

目 录

上 篇　情深意暖

专题1　花开有声 ………………………………… 2
  遇见一只自由鸟 ………………………………… 3
  用爱播洒希望 …………………………………… 7
  听见，看见 ……………………………………… 9
  教育路上爱相随 ………………………………… 14
  午休小记 ………………………………………… 17
  请等一等，花就要开了 ………………………… 20
  一战封神——国跳赛场上的特教奇迹 ……… 27
  与我的玫瑰女孩相遇 …………………………… 34
  把你的手放在我的掌心 ………………………… 37
  奔跑吧　阿宁 …………………………………… 40

专题2　家校携手 ………………………………… 43
  他什么都做不好 ………………………………… 44
  5元钱"买"来的诚实 …………………………… 48
  看见你的"声音" ……………………………… 52
  "小霸王"成长记 ……………………………… 56

一个都不能少——送教上门的那些事儿 ·············· 60

专题3　相伴成长 ·············· 63
　　别样的融合 ·············· 64
　　我与特殊教育 ·············· 68
　　慢慢来，比较快 ·············· 71
　　教育小记——测核酸 ·············· 73
　　为爱同行　与梦齐飞 ·············· 78
　　当我成为一名特殊教育教师 ·············· 80
　　坚守使命，保持初心 ·············· 84
　　大手拉小手，我们一起向前走 ·············· 87

下 篇　思行悟道

专题1　精彩课堂 ·············· 92
　　巧用"思维导图"架设智力障碍学生说与写的桥梁 ·············· 93
　　把握时机，提升生活语文课堂教学效率 ·············· 100
　　中重度智力障碍儿童数概念建立的探讨研究 ·············· 103
　　结合课标，联系绘本，贴近生活 ·············· 114

专题2　教学相长 ·············· 118
　　浅谈听障学生英语单词记忆能力的培养 ·············· 119
　　短篇韵文的个别化教学策略 ·············· 126

浅谈对初中聋生进行心理健康教育的重要性 …………………… 130
　　双重特殊障碍儿童潜能开发的个案研究 …………………………… 134

专题3　且行且思 ……………………………………………………… 145
　　加强教师职后培训提升融合教育素养 ……………………………… 146
　　文化自信背景下中国传统礼仪文化融入培智学校教育的研究 …… 155
　　培智学校有效开展家校互动工作的实践研究 ……………………… 163
　　聋校初中信息技术课的实践与探索 ………………………………… 169
　　非传统领域特殊儿童潜能开发初探 ………………………………… 174
　　中国特殊教育资源中心发展历程与展望 …………………………… 183

上 篇

情深意暖

教育,是心与心的对话、情与情的沟通,教师用爱心与专业,从遥远处走到学生身边,进而走进一个个美好的生命,走进一颗颗稚嫩的心灵,彼此温暖。

幸福的教育工作是一篇篇动听的乐章,而特殊教育工作,是在平凡中看见不平凡的力量,在缺憾中努力成长的执着、在失败中执着守候的坚守、在泪水中重试信念的勇气,无数美妙独特的经历与情感,汇集成一首首情深意暖的歌。一个个充满可爱而又率真多样的生命,一个个充满激情而又忠诚教育的师者,构建起别样的师生情,让这首歌更显率性与真实。文中每一个故事,都是一个个鲜活生命的绽放,都是教师享受教育幸福的写照,更是学生体验幸福教育的剪影。接下来,让我们满怀幸福的期待,一起倾听花开的声音,感受深情的力量!

专题 ❶ 花开有声

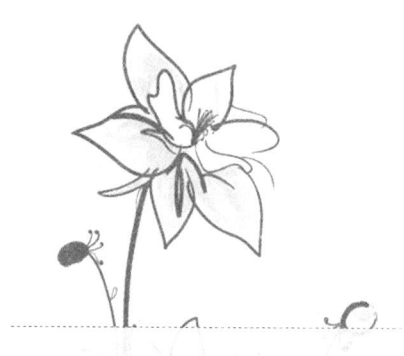

冰心曾说："世上没有一朵鲜花不美丽，没有一个孩子不可爱。因为每一个孩子都有一个丰富美好的内心世界，这是学生的潜能。"面对着充满个性又不失可爱的学生们，如何找到开启他们心灵之窗的钥匙，如何为他们的花开之路提供阳光雨露，是特殊教育工作者永恒的话题……

遇见一只自由鸟

深圳市福田区竹香学校　曾子豪

一、悄然相遇

孩子们写文章喜欢将自己的老师比喻成勤劳的小蜜蜂，有时我在想，学生又像什么可爱的动物呢？活泼的小猴子？憨厚的小熊？你们听说过"自由鸟"吗？它有一身华丽的羽毛，如凤凰般的尾羽，每当人们尝试将它关进笼子时，它就会奋力用头撞向鸟笼，尝试冲出，而我，好像就遇到了一只"自由鸟"。

怎么描述和这个孩子的相遇呢？小一新生入学，我作为班主任早早地就到了班上，期待同学们的到来，虽然还未见面，但也翻看了无数次照片，心中一遍遍默念他们的名字。她是我们班为数不多的女孩，一个人默默地跟着妈妈来到班上，妈妈走到哪，她就跟到哪，安排好位置后，妈妈准备离开，"妈妈不要走"，那是我听到她说的第一句话。"珊要乖，妈妈放学就来接你，要乖乖听老师的话"，看得出来妈妈很温柔，珊应该也会很乖巧，就是有点内向，可能还有点胆小，整体应该比较好带，我心里这么琢磨着。

相处后，我逐渐发现了珊更多的特质，她喜欢安静，喜欢吹风，喜欢在操场上一路小跑感受风从面颊拂过的惬意；她喜欢动物，喜欢画画，她有好多天马行空的想象；她观察细致、性格敏感，她也很依恋妈妈。这一切的特质，听起来都像是在说一个美好的小女孩，让人忍不住嘴角上扬，只是我是一位特殊教育教师，而她是一名自闭儿，她不是我唯一的自闭症学生，但她是最令我心疼的学生。

她喜欢安静，只是教室总有各种各样陌生的声音，以至于她无法忍受坐在位置上这件事情，总在上课时冲离座位，躲在班级的角落；她喜欢吹风，只是老师们总找不到她，一转眼她就溜去某处散步了；她观察细致、性格敏感，只是班上刚好有几个爱哭的孩子，而她讨厌吵闹又容易共情，每次别的孩子一哭她的情绪也崩溃了；她喜欢画画，只是画里的每一个人都是红色的，都在大哭；她依恋妈妈，只是过于依恋，而且抗拒老师们的靠近。离开了妈妈的珊在陌生的环境中只剩下焦虑不安，每当这个文静的女孩哭红了双眼，崩溃地哭喊着要回家时，我不由感到阵阵的心疼，随着情绪的积累她甚至开始出现撕扯老师头发、抓伤同学老师的行为，我感受得到她的痛苦、不安、焦虑，怎么办？怎么帮助她消除这种情绪？怎么让她接受我们？怎么让她融入班集体？"自由鸟"该属于森林，学校不能成为孩子的鸟笼，我得想办法为珊在学校安家。

二、择木而栖

我开始积极地与珊妈沟通，珊在家一般很乖，会自己玩玩具和听音乐，不过和普通孩子不同，她讨厌去公共场合，如超市、乐园，一般小孩以此为乐，而她备受煎熬，听觉系统敏感的她本能抗拒嘈杂的场合，同时她害怕陌生人，不愿与生人打交道，当我问及珊是否有攻击行为时，妈妈回忆着说近些年没有，不过六岁在早教机构时第一次出现，那时有个小男孩和她一起上课，那个男孩经常情绪激动大哭，而且会攻击珊，也正是如此她才会反击。我一下恍然大悟，离开妈妈来学校与一群陌生人相处已经使她非常焦虑不安了，而班上爱哭的男生一定是勾起了她负面的回忆和情绪，成为她情绪爆发攻击他人的导火索。

经过一番思考，我立即组织班级科任教师讨论，要解决的第一个问题就是"浮萍"没有根，得帮"自由鸟"找到一棵可以栖息的树。

经过观察，珊对班上一位女老师的接受度相对较高，我们决定让这位老师成为珊在学校的"妈妈"，如她妈妈一般温柔，更重要的是会帮助她解决问题！其余老师按学校各项常规要求珊遵守纪律，并不因她的情绪而改变原则，而这位"妈妈"老师，总能在珊情绪崩溃之前，温柔地安慰珊，帮助她解决问题，"你想和我一起去操场散步吗？""你想要听听音乐吗？"……经过反复尝试，终于，珊在学校也找到了依靠，每当情绪不好时都会找"妈妈"老师寻找安慰，也愿意听从"妈妈"老师的指令，焦虑的情绪明显有了好转，情绪发泄的强度也有所减弱，她开始和学校有了情感联结。

三、回归森林

离开鸟笼，"自由鸟"也不能只有一棵树，得拥抱整片森林。

怎么能让珊接受我和同学们呢？她最怕男老师，我每次尝试和她对话她都会跑开或是扭头不敢直视。我想起地板时光策略，我想，在她如此抗拒我的前提下，我要做的第一步就是不干扰，我开始经常走到她身边，不做任何指令、要求，只是无声地陪伴，尝试观察能否发现、创造交流的契机，起初她看到我来会离开，慢慢地，她发现我不会打扰到她，也就默默接受了我的存在，开始自言自语起来。有次课间，我和她坐在走廊的长椅上，突然，一只小鸟飞了过来，落在走廊上，她惊喜地猛抬头，聚精会神地盯着小鸟，她犹豫了会儿，看着我指了指小鸟说："小鸟！"她想要摸摸小鸟，又有点怕，于是拉着我小心翼翼地走了过去，感谢这只意外的访客，这是珊第一次主动与我互动，我抑制不住心中的欢喜，问她："你还想看小鸟吗？曾老师带你找小鸟。""好！"

没有过多的对话和丰富的词语，我与珊的师生关系至此才算真正开始。此后，我开始成为一个"麻烦制造者"，总是偷偷给她制造小问题，如她喜欢的玩具不见了，想要画画没纸了……让她主动找我们寻求帮助，解决问题，老师是她在学校最亲密的人，我们陆续组织好多集体活动、游戏，其余同学也都慢慢适应了校园生活，班级氛围也逐渐变得欢乐了起来。

有次她在认真地画画，我问她，画里哭泣的人是谁？她说是男孩，我们才知道她是在心疼班上哭泣的孩子，又不知道如何安慰，才有开学时那些不恰当的表达。我们开始教她分辨情绪、表达情绪，接受身边的同学，学习如何安慰。

秋游时，我们一起去动物园，她妈妈很担心珊会不会抗拒，事出意料，她很平和地接受了那次的秋游，和同学们一起看了好多可爱的动物，还和妈妈说下次还要去动物园，家长欣喜地看到孩子的变化。我们都知道，"自由鸟"找到了自己的森林。不了解自闭症的人可能会觉得他们永远活在自己的世界里，不会对他人有情感，可是我们知道，没有哪个灵魂可以孤独前行，他们也有丰富的情感需要，只是接受得比较慢，比较复杂，只要你愿意，她们会很热情地拥抱你，我想，这是我作为一名特教教师最大的幸福。

用爱播洒希望

河源市博爱学校　袁君丽

我觉得自己是幸运的，因为我从事的是太阳底下最光辉的事业，更幸运的是，从教十年来，我一直担任班主任的工作。十年里，发生着太多太多令我感动的故事……

这事发生在我刚参加工作时。一天，谢老师气冲冲地跑到我面前说："你们班的秋鹏太不像话了，上课老在那玩，我就批评了他几句，他竟然用力地拍桌子和我叫板呢！"我一听就火冒三丈，又是那个三天两头给我惹事的听障学生秋鹏！我马上跑到教室，质问他："你怎么回事！为什么拍桌子？"他不说话，也不看着我打手语。我用力把他的头掰起来，逼他看着我比画。对他劈头盖脸一通批评后，我就再也没理他。

过了几天，课间的时候班长又跑来投诉："老师，秋鹏把教室的桌子踢翻了。"我跑过去，正准备把他拉到办公室来批评一顿，谁知他竟然用头去撞桌子，吓得我赶紧拉开他。我真害怕会出什么乱子，于是立马把情况反映给了学校领导，并打电话告知他家人有关秋鹏的情况，他家人告诉我："他在家也一样，一直闹别扭，不听管教。"经过协商，他家人先把他接回去休学一段时间，以免在学校发生安全事故。

对于刚踏上讲台的我，对秋鹏这样每天小事不断、隔三岔五大闹一场的学生充满厌恶和畏惧。看到他的家人把他从学校领走，我心里窃喜，如释重负。

一个月后的下午，我来到教室，竟然看到秋鹏一动不动地趴在桌子上。咦，他怎么这么快就返校了？我带着疑惑走到他面前，只见他脸色苍白，极为虚弱，我心疼了。摸着他的额头，我轻声问："秋鹏，怎么了？哪不舒服吗？"他比画着："老师，我肚子很饿。"说着眼泪就流下来了。我赶紧跑到教师宿舍给他煮了一碗面。为了弄清情况，那天下午放学后，我来到了秋鹏家。只见他家冷冷清清，走出一个瘦小的女孩，她是秋鹏的姐姐。我说："你好！你爸爸妈妈呢？"小女孩两眼闪着泪，说："老师，我的爸爸妈妈去年就离婚了，妈妈走了，我们跟着爸爸和阿姨。可是上个月爸爸在一次施工时不幸从三楼摔了下来，现在还在广州治病。上段时间弟弟也检查出得了慢性肾炎……"我再也听不下去了，一把把他们搂在怀里，多么可怜的孩子，小小年纪就经历了这么多的磨难！我为自己的冲动感到后悔，为自己的不负责感到羞愧。

那一晚，我挽起了袖子帮姐弟俩收拾房子，煮上一桌热气腾腾的饭菜，陪他们聊天、辅导他们功课。从那一天起，我尽我所能地去帮助秋鹏。

此后，秋鹏变了！当他拿着"进步小标兵"的奖状在我面前比画着说："老师，你就像我的母亲一样疼爱我……"时，我的眼睛湿润了。

我应该感谢秋鹏，是他让我明白了：爱可以化冷漠为热情，化忧郁为振奋，化悲伤为喜悦，化懒惰为勤奋。老师们，让我们去爱吧，用我们的爱向孩子们播洒美好的希望！

听见，看见

深圳市福田区竹香学校　郑智

一、行人不见"只听闻"

第一次听到她的名字和事迹，是在学校的小会议室，当时，学校分管融合教育的德育主任、年级组长、班主任、心理教师齐上阵，介绍女孩小贝（化名）的种种事迹：上课跑出教室、考试时骂考官、朝同学吐口水……形象生动地讲述了小贝略显"彪悍"的在校生活。

听起来，这是一位"小霸王"：同学担惊受怕、老师不堪其扰、学校很是无奈。德育主任满面愁容地感慨："让这些学生在普通学校读书是有政策支持的，我们要做，但真不知从何处下手，总不能因为她影响整个班级吧……"

听着大家的描述，这个似乎无法控制自己情绪和行为的孩子就这样走进我的脑海。我真的很想了解她、走近她。

针对学校没有资源教师及资源教室的情况，我给出了一些更为实在、易于操作的方法：清晰的指令、简单的任务、明确的要求、适当的宽容……两个小时左右的座谈，以班主任略带无奈的"我试试吧，还能怎么样呢"画上逗号：我们约定下周到学校看看小贝的庐山真面目。

在这间隙，我联系了小贝的小学学校，和学校的资源老师了解情况。通过沟通，我得知小贝在小学三年级时有过几次情绪爆发：把同学的作品涂得面目全非、老师讲课她在座位上哈哈大笑、冲进资源教室把沙具扔得满地都是……资源老师告诉我，起因是她最喜欢的美术课换了新老师，新老师要求她按照一定的规则完成美术作品，小贝就给了新老师一个结结实实的"下马威"。当然，这是老师做了很长时间的沟通才从她嘴里得知的。之后，资源老师以"部分抽离+情景训练"的形式用了大概半学期帮小贝重新建立常规规范模式，也和任课教师做了针对小贝的行为规范表。沟通接近尾声，她给我发了这样一句话："郑老师，小学六年里，小贝真的很努力，进步很大，希望她能充实快乐地生活。"

二、纸上得来"很惊艳"

约定好的第一次会面并未成功，班主任告诉小贝有老师专程来和她聊天，这个听起来肆无忌惮的姑娘坚决让妈妈给她请假一天：她要去理一个新发型，买一身新校服。这带着些青春期特有的自尊和固执的理由让我哭笑不得又五味杂陈，这真的是个百无遮拦的"小霸王"吗？

虽说女孩单方面推迟了"约会"，但我还是准时赴约，在和班主任及家长的见面时，我见到了"A4纸上"的小贝：班主任提供了学生残疾证复印件、相关诊断报告，家长带来了很多女孩的画作。意料之中的精神残疾四级证明，意料之外的细腻画风，几乎都是动漫作品，线条十分流畅，颜色搭配很是赏心悦目。但翻阅近期的画，画风突变，动物从憨态可掬变得张牙舞爪；人物从活灵活现到蜷缩一角，压抑至极。小贝近期的心理感受和状态"跃然纸上"，我很庆幸我没有因为她的爽约而推迟此次见面，看到"A4纸上"的小贝，我更期待见到直观立体的她。但这之前，我要为"约会"做一些准备……

咨询相关专家。绘画心理专家陈瑞兰曾讲过，图画所传递的信息远比语言丰富，表现力更强。我将她的画拍照咨询了区相关心理教师，得到很多专业的建议。

做适当支持。李闻戈教授指出融合教育除了物理和心理环境的融合，更要有差异化教学和专业支持。因此，我和小贝学校的德育主任沟通，开展融合宣导，让老师们了解融合教育，学习相关理论知识，以达到共同参与的目的。

追随她的喜好。小贝是个动漫迷，我是个动漫白痴。我通过上网得知她近期的画都是国产动漫《秦时明月》的场景。于是，我利用一个周末看了许多集的《秦时明月》。

送一份礼物。我准备了一本东田直树的《我想飞进天空》，希望她能在书中找到共鸣，尝试自我疏导。

三、一杯奶茶"喜相逢"

又是一个温暖的午后，在学校小阅览室，我特意带了奶茶，一个扎着高马尾的姑娘推门而入，她坐下的第一句话就是："老师，你为什么来找我？"我笑着把奶茶递给她，说："我看了你的画，我也喜欢《秦时明月》，不过我只看到了第二部《夜尽天明》，工作压力太大，没时间看。"我略带沮丧的语气激起了她的好奇："你是老师，不压力，我真压力。""为什么呢？你画画这么厉害。"

"你不懂的，"小贝略带激动地把凳子拖到我面前说，"同学不喜欢我，我吵，但我不想，不教室，老师就生气。"她大力吸了口奶茶，接着说："我冷静，不给我进！"我梳理了一下她的话，问她："你是不想吵到同学才离开教室的，对吗？""对，就要这样！""你想去其他地方冷静一下，但是老师没有让你去，对吗？""你怎么知道？"

"小贝，安静的方式有很多种，如画画、看书、写日记，我送你一本书，书里的小朋友也有和你一样的烦恼，你可以和他一起想想办法。"

小贝略带怀疑地接过书，我知道她还没能完全相信我。"小贝，我有个办法帮你冷静。""快说。""你画幅《需要冷静的自己》，把画给老师时，她会让你去心理咨询室的。""真的？""真的！不过每天只能用三次。""没关系，我可以。"接下来，她开始认真地画，而我只是安静地坐在旁边陪着她。

一下午匆匆而过，分开前，她千叮咛万嘱咐我回家要看《秦时明月》第五部，我答应她的同时也提醒她记得把画给老师才能变得冷静，还要好好看我送她的礼物，她欣然答应。

我把今天沟通的细节告诉她的班主任，班主任诧异于小贝居然能接纳我的建议，同时她表示会给小贝冷静的空间，也会多利用班会时间向班级同学普及相关知识。

大概两个月后，我对小贝的班主任进行回访，班主任表示小贝变得有纪律了，上课偶尔还能举手回答问题，虽然她的数学和英语还是比较弱，不过除了学科老师会给她做一些任务调整，小贝的同桌也会帮她。

学期末，由于比较关心小贝在考场的表现，我带着自己画的极其粗糙的《秦时明月》和芋泥波波奶茶去她的学校。还是在小阅览室，还是扎着高马尾的她。她兴冲冲地跑进来说："我有奖了！""最佳进步奖"奖状被她摆到我的面前，我马上回应她："就知道你有进步，看，给你带了奶茶，还有我画的第五部。""比我画得差。"她笑着说，"不过和我，有进步，哈哈。"

现在，小贝已经平稳升入初二，她把"需要冷静的自己"交给老师的情况虽时有发生，但频率在逐渐降低。学校增设了资源教室，给她提供了更贴切的支持，她也更能融入班级。小霸王在慢慢改变……

记得和小贝初次见面时，班主任问我为什么小贝会平静地和我交流那么久，我给的答复是：可能我在听见她的同时，还在看见她……

小贝是很多有着特殊教育需要孩子的剪影，他们就像一棵棵树，我们要听见树叶沙沙的灵动，看到树影婆娑的曼妙，还要给大树一个生长枝丫的空间。有幸听见生命的旋律、看见生命的光彩，大概就是融合教育带给我们的幸福吧……

教育路上爱相随

深圳市龙华区润泽学校　肖蓓

冰心曾说过："爱在左，同情在右，走在生命的两旁，随时撒种，随时开花，将这一径长途点缀得花香弥漫，使穿枝拂叶的行人，踏着荆棘，不觉得痛苦，有泪可落，却不是悲凉。"作为一名老师，我惊觉：这一路撒种、开花，不正是教师育人的过程吗？因此，我很喜欢冰心的这段话，并且深以为然。我相信，爱是教育的种子，只有让爱伴随教育之路，才能开出美丽的花朵。

2015年，未毕业的我作为一名师范生去一所九年一贯制学校实习。我所在的班级有个孩子叫小坤。第一次见面，我就知道小坤是个比较好动的孩子。老师在讲台上讲课，他在下面画画，或者不停地打扰坐在他前面的同学。下课后，他喜欢在走廊上奔跑，一会儿在楼梯上跳上跳下，一会儿跟其他同学搞恶作剧，一会儿又挥拳欺负女同学。他不喜欢别人批评，爱面子。

我正思索着要如何对小坤采取一些措施时，班干部急急忙忙跑来办公室找我说："老师，小坤要打人了！"我赶紧跟着学生往教室跑，远远的我就听到小坤的声音："信不信我打死你！"我循着声音望去，只见小坤双手拳头紧攥，眼珠圆圆地瞪着他面前的同学，满脸愤怒，仿佛要把人吃了似的……年轻气盛的我急忙跑过去制止。"小坤，你想干什么？！想打架吗？"可还没等我说完，他却愤怒地冲出了教室。我担心他出事，急忙跑着跟上。终于在他跑到楼梯间的角落时，我追上了他，试图把手搭在他肩膀上安抚他。他一把甩开我的手，双眼瞪着我，情绪特别激动地说："我很生气！我恨你们！"然后号啕大哭。我瞬间呆住了，我以前也在其他学校实习过，还没有遇见过这样的学生。我又试着安抚他说："老师知道你现在很生气，你能告诉老师发生什么事情了吗？"又僵持了大概10分钟后，他终于平静下来。原来是课间同学说了一句玩笑话，小坤突然就爆发了。于是，我明白了小坤不仅存在干扰课堂的行为，他在心理上、情绪上也需要一定的支持，而我当时的做法无异于火上浇油。

因此，我开始对小坤格外地关注。课后，为了更加了解这个孩子，我特意去问了小坤之前的班主任以及他的父母，证实了我的猜想。小坤被确诊有多动症，情绪不稳定，若受到刺激，容易暴怒，且会带有过激行为。

针对小坤的情况，首先我和他父母进行沟通，取得家长的支持和配合，让他的父母正视孩子的缺点，小坤已经被确诊为多动症，要积极配合医生进行行为矫正治疗。其次，我及时向他的父母反馈小坤在学校的情况，让他的父母在家也进行相应的教育，形成家校教育合力。再次，我要保护他的自尊心。虽然他表面看来对什么都漠不关心，但他的内心非常渴望得到别人的尊重，害怕别人轻视自己。因此，有些不是很严重的错误我尽量不去计较，也跟班上的同学说，要互相帮助，以宽容的心态来面对小坤的错误。最后，我将其座位安排在教室的前排，上课时提醒他要参与到学习中来，采取正向行为支持的方法，控制课堂学习中的干扰行为。此外，我有针对性地对小坤进行行为控制、社会适应能力的训练。

我时时处处关心着他，经常向各科老师了解他的情况，并根据其情况给各科老师提建议，从而让各科老师对课程的学习目标、内容和方式进行及时的调整。另外，我需要及时对其不稳定情绪进行疏导，因此我每天在校必做的事是有空就找小坤谈谈心，如：今天有什么开心、有趣的事能和老师说说吗？最近爸爸妈妈带你到哪里玩了？每当看到他有一些进步时，我会说："你今天表现真棒！老师心里很高兴，我真的越来越喜欢你了，我相信同学们也会喜欢和你交朋友的。"无论在课上还是课下，我会有意无意地表扬小坤，帮他建立自信，使他在班级上树立正面形象，获得同学的尊重和认可。

教育需要持久的耐心和等待。虽然小坤还是会时不时犯错，有时候也确实让人头疼，甚至让我不知所措，但每当他犯错误的时候，我都给他时间和空间，让他先冷静下来，再帮助他分析犯错误的原因，提出改正的建议，并积极联系家长，家校共同努力，探讨有效的教育方法。就这样，逐渐地，我看到了他的转变与进步，他跟同学相处的矛盾少了，情绪激动的情况少了，过激行为也明显减少了。

通过对小坤的用心教育，看到他取得了进步，我的内心甚是欣喜。虽然后来我并没有在实习的学校任教了，但我还是与小坤的父母保持沟通，了解他的情况，得知他的每一个进步我都会感到欣慰。在这一过程中，我深刻地体会到教育中非常宝贵的东西便是爱。只有心中有爱，我们的教育之路才能越走越宽，越走越平坦。有爱相伴的教师生涯，是我美好旅途的开始。

午休小记

深圳市福田区竹香学校　李从军

　　2020年的秋季学期中段，我到四年级任教，至今还不到两年时间。这短短两年时间，让我见证了班级的一些变化，以及学生的一些成长。最近的一段时间，我对班级孩子午休管理这件事体会比较深。

　　到了四年级后，我发现班级孩子的午休问题给老师们带来了挑战。有那么两三个孩子，或许是精力实在过于旺盛，或许是习惯问题，总之他们从来不午休。这给从早忙到晚的老师们造成了巨大的困扰，原因有二：一是出于安全考虑，他们不能离开老师的视线，需要专门的人看着他们；二是他们不但自己不睡，如果把他们放在同一间教室里，他们还会制造出很多噪声干扰其他人。

　　一开始，大家尝试了很多办法，但最终都以失败而告终。那时候一到午休，我就专门负责其中一位午休困难户。为了监督他睡觉，即使想中午忙会儿工作，我也要放弃这个想法，然后一整个中午都要躺在他身边。不躺则已，一躺则实在是困得要命。可是他大约几分钟就要叫我一次，嘴里一直叨叨着"我要尿尿"，得不到回应便不会停下来。我一次次刚开始犯迷糊，就又被一次次惊醒，精神略有些崩溃。一开始我们以为他是找借口想出去玩，有好几次我偷偷跟在他后面观察，结果发现并非如此，只听厕所里哗哗的声音，便知他也是不得已。于是，我们便在上午的时候控制他的喝水量，让我们纳闷的是，这并没有什么效果。后来我们又分析，可能是他精力过于旺盛，于是我又在上午的时候有意加大他的活动量，以加强消耗，结果还是没有什么效果。

实在是没有办法了，我们便考虑采取"隔离"措施。那时候我们教室外面有一个封闭的阳台，空间相对独立，于是我们便将他们两个"安置"在阳台上。为了解决其中一个孩子往楼下扔东西的问题，我们便把阳台上所有的东西都清空。为了解决另外一个孩子需要不停出去小便的问题，我们只能让家长从家里拿了一个桶作为尿桶。如此并没有万事大吉，他们会将睡觉垫子里的海绵撕出来扔到楼下，或者是鞋子、袜子等能找到的东西。有一次，我们没留意到阳台上的一个小花盆，那个花盆竟然被丢到了楼下，吓出我们一身冷汗。后来天气变得不好，不适合把他们放在阳台，我们只能另外想办法，于是就让他们中午在走廊玩，但是需要一个专门的老师陪着他们。有一次，我将教室里的两个柜子推到走廊，试图为他们隔出一个独立的空间，以便解放初来就陪他们的老师。虽然柜子很重，但是他们还是可以将柜子移开，所以我们依然是失败，还是需要老师轮流去陪着他们玩儿。

想了一些办法，采取了一些措施，得到的结果让老师们有些身心俱疲。实在不得已，班主任小陈同志就与两个孩子的家长商量：中午暂时将孩子接回家，或者接到外面的公园去玩一会儿，过一段时间看看能否有些变化，这样也避免孩子在学校感到无聊和苦恼。

去年秋季一学期，我们搬到了新的校舍。班主任小陈同志还是决定让他们回到学校，帮助他们适应好午休这件事。一整个学期，小陈同志将他们两个安排在教师办公室午休，我们轮流陪着他们。但是，这个过程并不顺利，他们还是会时不时地制造出一些噪声，我们的神经也依然会时不时地受到刺激。学期中，我们两次尝试将他们放回集体进行午休，但是都失败了，他们还是会影响其他的同学。面对这种情况，我们也没有什么更好的办法，只能"静待花开"。不过情况也慢慢有了一些细微的变化，他们制造的噪声会变得少一些，能够安静躺在床上的时间会变得长一点，还出现了之前几乎从没出现过的入睡等情况。

　　出现这些变化的原因有很多，有孩子自身的，也有老师的。就孩子而言，孩子们本身是可爱的，很多问题可能是他们本身想控制但是又难以控制的。如果你能够以讲道理的心态和方式同他们沟通，他们也是能够感受到和接受的。就老师而言，小陈同志会持续使用忽略、正强化等多种行为矫正方法，帮助他们进步。比如，面对一直喊要尿尿的孩子，她就假装睡着了，适度忽略他的喊声，让他需要尿尿的间隔时间被拉长。起床时间到了之后，如果他们没有制造出很多噪声，她就将自己的水果或者牛奶奖励给他们。

　　到了这个学期初，小陈同志还是按照之前的方式安排他们午休。忘记了是什么时候，我因为公事请假外出，回来之后发现那两个午休困难户竟然已经被安排和其他学生在一起午休了，我感到九分震惊，表示十分怀疑。小陈同志则自信地说，他们可以了！经过时间检验，他们确实是已经可以和大家一起午休了，几乎不再发出噪声，不会干扰同学，也不会干扰老师，有时候，他们还会睡着。午休时，看着教室里满满一通铺的孩子，不知怎的，我的心中有一点小窃喜。

　　现在，午休的问题不再困扰我们了，大家相处很和谐。但是，我们不会忘记这一段酸甜苦辣的历程，它一直激励着我们去面对更多的困难和挑战。

请等一等，花就要开了

深圳市第二特殊教育学校　麦子翘

2021年9月，我踏入了坐落在深圳光明区的深圳市第二特殊教育学校，成为一名特殊教育高中新教师，也成为一名班主任小白。学习了七年与特殊教育相关的课程和理论，现在终于能够运用到实践中了，这让我激动不已。

教育是一项影响人的活动，我一直牢记着母校"求实创造、为人师表"的校训，将"教书育人"作为自己的教育使命，认认真真对待教育的每一个环节。

科任教师和智力障碍班级班主任的双重角色，决定了我需要承担的不只是简单的教育任务，还承担着如学科教学、班级管理、道德教育、安全教育、健康教育、家校沟通、防疫工作、档案整理等一系列的教学与学生工作。在特殊教育学校中，这些工作职责更显重要和有意义。如何让每个学生在这三年的高中时光里快乐、健康地成长，是我每日思考和行动的主题。在教育教学过程中，我始终相信每个学生都具有向上生长的潜能，并能在教育环境中获得滋养。我们只需要为学生提供恰当的、足够的支持，给予足够的时间和耐心，小苗终会发芽生长。秉持着这样的信念，不知不觉间，一个学年快要结束了，回过头来猛然发现，教育的影响正在悄悄发生着……

一、建立关系需要"等一等"

人与人之间的互相影响一定是发生在关系建立的基础之上的。开学第一周，学生和老师对彼此都很陌生，新老师面对新学生，多少感到一丝丝紧张。

做好心理调适第一步，告诉学生不用着急。这一届学生基本上都是从普通教育初中转衔过来的，这是他们第一次踏入特殊教育学校，也是第一次在学校住宿，我也是第一次当班主任，我们都需要做好相互调适的心理准备。在上第一次班会课时，我就对学生说：如果大家觉得有点着急和焦虑，这是很正常的，不用太过担忧，因为无论是你们还是老师，都需要一点时间来慢慢适应这个新环境、新的学校、新的班级、新的宿舍、新的老师、新的同学。从物理环境到心理环境，都需要我们增进对彼此的了解和包容。大家有任何问题和困难及时向老师反映，让我们在新环境中一起成长。

做好建立关系的准备工作。没有调查，就没有发言权，我和两名副班主任做了很多准备工作，通过各类评估、家长访谈、与学生谈心、与其他科任老师沟通、日常观察等方式对我班学生展开了详细的调查，初步了解了他们的家庭背景、兴趣爱好、能力水平、喜恶的事物、日常行为习惯、身体和心理健康状况、上课情况等。很快我们就发现，班上有一名学生社交能力非常强，个性活泼开朗，能很主动并且很快地与老师和同学拉近距离，熟记每一位老师的姓氏和家乡。我们也发现其他情况：有一名学生比较内向，对自己不自信，不敢主动与他人交往；还有一名学生，很容易在新环境中感到紧张，不喜欢肢体接触，在紧张时会出现较多的重复和刻板行为，如摇手、转头、发出无意义的叫声。在对他们的情况有了一定的了解后，我们根据每名学生的实际情况，开始设计个别化的方案，着手与学生拉近距离、逐步建立起良好的师生关系。

　　陪伴和倾听是建立关系最有效的方法。由于学生家皆离校较远，学生都选择在学校寄宿，这是他们第一次独自离家在学校宿舍生活，无论是学生和家长们都透露出不安和焦虑的情绪。开学前两周，我既是班主任又是值班老师，从学生早上起床到学生晚上入睡，我都需要参与其中，这正是一次建立关系的良好机会。在这段日子里，我经常与学生一起学习、活动和聊天，主动去了解并帮助学生解决他们在学习或生活上的问题和困难，缓解他们的不安和焦虑情绪。比如，我发现有的学生缺一些必要的生活物品，我会去给他们买或者联系家长带过来；有的学生怕黑，我会告诉她，身边有很多同学和老师陪伴，不用担心，我留在她身旁抚摸她的头发，陪着她直到她安心入睡；有的学生喜欢用言语分享自己的生活，希望能与其他老师和同学产生共鸣，于是我便认真倾听并与之对话；而有的学生更愿意用纸笔表达自己的需求和想法，于是我鼓励他们写周记，记录下自己的所思所想，在学校学习和生活的感受……

　　很快，我发现班里的学生开始对我产生了依赖，这让我体会到了一种前所未有的满足感，因为这表明我和学生的良好师生关系建立起来了。积极心理学认为，人与人之间有了"关系"才能产生"一切"。有了良好的师生关系，学生就会慢慢打开自己，主动去寻找成长的机会。在遇到问题或困难的时候，学生会主动来向我求助，也会主动与我透露他们内心的感受和体会。这种依赖感在我不在校时表现得尤为强烈，在我每一次外出学习回来后，都会有学生对我说："麦老师，你终于回来了，我们想你了。"有次我外出学习，某个学生在个训课上做出了自己满意的手工作品，迫不及待地想要与我分享，她求助值班老师把她的得意作品拍下来发给我，还要获得我的反馈才放心；有次外出培训前，学生向我反馈：周记必须是您改，不能让其他老师看……我真切地感受到了学生们很需要我、很依赖我！这种心情大概是普通学校的老师无法体会到的，只有真的经历过特殊教育实践的人才能体会到这样的心情，就像爬行了一夜后看到山间的第一缕曙光一样让人激动、振奋。

二、接纳、互助需要"等一等"

每位特殊学生之间的能力差异非常大，无论是老师或学生，我们都要学习做到理解差异、接纳差异、尊重差异，实现互帮互助。

首先，特殊教育教师要尊重每一名学生，公平地对待每一名学生，相信每一名学生都能够获得成长和进步。有时候，对能力水平较低的学生提出更高的要求，我们会很惊喜地发现，他们其实也能做得很好，甚至比能力水平相对较高的学生做得更好。

其次，特殊教育教师的专业素质，不仅包括特殊教育职业道德规范所要求的爱与良心，更包括敏锐的洞察力和个案分析的能力。教师在日常教学中要多关心、多观察学生，了解他们的生理和心理的变化、困难和需求，善于分析他们特异语言或行为背后的原因，找到恰当的教学切入点，逐渐发掘他们的潜能，帮助学生实现自我成长。

再次，特殊需要学生之间也要学会理解、接纳和尊重差异，实现平等互助。特殊需要学生群体内也会发现自己和别的同学之间存在着较大的差异，这导致了能力相对较强的学生可能会歧视能力相对较弱的学生，这需要老师做出正确的引导。隔壁班有一名较典型的自闭症学生，做出了一些别的学生不能理解的行为，如喜欢重复别人说过的话，喜欢反复说一段电视剧台词，喜欢说"我要按电梯"，等等。很快我发现班上三名能力较强的学生给他取了不太好听的绰号，在课上和课间喜欢从这名自闭症学生身上取乐。我认为这是很好的德育机会，于是在一天课间把这三名学生叫到办公室进行了一次思想教育。首先我问他们：知不知道我们为什么叫特殊教育学校,特殊在哪里?他们摇摇头。我告诉学生,因为我们每个同学之间的能力差异很大,每个人都有自己独特的优点,也会有自己的不足,我们是一个多元融合的学校。然后,我向他们展示了这名自闭症学生的优点:通过作业本给他们展示了该生的字非常工整漂亮;通过一段视频和作业本给他们展示了该生极强的记忆力,该生能按顺序记住深圳所有地铁线路的站名以及换乘地点,能换算具体的某一天是星期几;等等,他们为之震撼。之后,我向他们解释了该生"奇异"行为背后可能的原因,他们随即恍然大悟。

最后,我给了他们一些与这名同学相处的小建议。之后,我也经常教育他们要学会发现别人身上的优点。经过一段时间后,他们的行为有了很大的改变,不仅没有嘲笑这名自闭症学生的行为和语言,还经常帮助他参与课堂学习,协助老师管理好他的行为,如在他要冲出教学楼的时候,那个运动能力较强的学生会马上跑过去制止他。他们之间开始建立起友谊,相互交流、相互学习、相互分享,实现了接纳与互助。

三、成长进步需要"等一等"

也许有很多老师跟我一样,在从埋下种子的那一刻起,就开始期待丰收的喜悦。每天辛勤地给种子浇水、施肥、除草,希望它能快快开花结果。有时等了好久,这抔泥也没有一点动静,便逐渐遗忘了这件事。很久之后的某天,突然惊奇地发现有一株植物正在疯狂地生长,才猛然发觉这不是我埋下的那颗种子吗。

生活自理能力的进步需要"等一等"。我们的学生是第一次到寄宿制的高中住校,对很多生活上的事务不熟悉,很多事情是他们以前从来没有做过的。有的同学用了一个月的时间就学会了大部分的技能,而有个同学学习叠被子就学了几个月。我和副班主任商讨后决定,我们就一件一件事手把手教，让她慢慢学，三年下来总能学得完。也许是因为我们给予的支持和鼓励较多，也许是家校共育发挥了巨大作用，一个学期结束时我们惊喜地发现这名同学对于生活自理的态度有了很大的变化，从要别人帮自己做、不愿意劳动，到愿意去学习怎么做、怎么做好，再到愿意分担他人的劳动。在新的学期，我们还发现她的劳动技能也有了很大的提升，不管是个人还是集体的劳动任务，完成的质量都越来越好，这样快的提升速度是我们没有预料到的。我们在"慢慢"中感受到了快速。

建立自信心需要"等一等"。我们班上有一名男同学认知能力很不错，但由于身体发育迟缓，个子比较矮小，骨骼发育也存在一定的问题，他自述在普通学校经常被同学议论和取笑自己的身高和外貌。这些情况导致了他的怯弱和不自信，他不敢表达自我、不敢提出要求、不敢尝试新的事物。于是，我们经常表扬他，夸他有一个聪明灵活的小脑瓜，也创造了很多很多的机会让他能够展示出自己真实的能力，包括升旗仪式的主持、小型节目的主持、诗歌朗诵、承担班委工作等，在课堂上也经常鼓励他说出自己的观点。主持的工作持续了好长一段时间，他的音量还是比较低，还不能很自信、很大方地展示，但是他的态度有了很大的改变，从一开始我安排他去主持，到我鼓励、建议他去主持而他也愿意接受，再到他会积极主动报名参加主持，这已经是一个很大的进步。另外，我校在学期末举办了一次运动会，他参加了一个团体赛项目，为了不拖后腿，他健步如飞，跑得比所有人都快。你很难想象这个学生刚来我校的时候，走路还需要扶着走廊的扶手，下蹲也不能保持平衡。在向家长反馈这个进步的情况时，家长表示要不是有视频佐证，他简直不敢相信这是真实发生的。当他不再觉得自己的身高和运动是成长的阻碍，他就找到了一股向上生长的强大力量。

与特殊学生相处的时间久了，我发现他们身上的潜能很多，如有的学生的手工编织能力很强，有的学生对音乐节奏很敏感……我会通过学习和寻求其他资源，帮助学生开发潜能，实现成长。但这个过程不能急于求成，需要耐心等一等。

特殊教育学者钮文英老师曾在她的书籍《启智教育课程与教学设计》中提到过，"智能障碍者拥有待开发的巨大潜能，但这个潜能像是深埋地下的矿脉，从发掘到开采，需要很多的热情、指挥、耐心以及精准的教学方法"。我现在也能真切地体会到，特殊学生好似一本读不完的书，需要我们花更多的时间和心思，慢慢咀嚼、慢慢品味、慢慢探索。我们要做好一名园丁，耐心浇灌和守护好这一座座充满希望的花园。

一战封神——国跳赛场上的特教奇迹

深圳元平特殊教育学校　赖华南

2017年5月21日上午10点，在深圳宝安凤岗小学，"体彩杯"2017年深圳市中小学国际跳棋比赛已经进行到最后一轮，300多位小棋手在棋盘上激烈搏杀。小学高年级女子组比赛的时候，我专注地看着比赛的进展，其中一盘是我的学生陈君参赛，和他对弈的对手看起来似乎有点不在状态，陈君很快就取得优势，又过了几分钟，胜局已定，我有点不相信自己的眼睛，陈君居然比较轻松地赢下了关键的一盘棋。

我伸出大拇指鼓励了一下陈君，继续关注着竹园小学的棋手谢芸的对弈。前六轮比赛谢芸和陈君同积四分，现在陈君又得了两分，积分暂时领先，谢芸最后一盘棋的结果对陈君的成绩有影响，谢芸目前的棋局比较胶着，一会儿势均力敌，一会儿又稍稍落后，结果难以预料，不过随着时间的推移，棋也终于下出了结果，谢芸输了。这样，陈君保持领先积分，幸运地获得第四名，这是一个"前无古人"的成绩，虽然陈君本人很难理解它的意义。

从5月20至21日，我带着五位小棋手在来自55所中小学校、幼儿园的372位选手参赛的比赛中，经过2天共7轮的激烈角逐，最后总共获得三个奖项。其中小学高年级女子组的陈君同学获得100格个人赛的第四名，同组别的吴兴同学获得第六名。徐衡、刘铭和陈君共同获得100格小学高年级组团体赛第四名。作为他们的老师，我心中无比激动，甚至有一种想要流泪的冲动！这些孩子，太不容易了！

这次比赛的组别和奖项较多，接近四成的选手都能获奖。元平特校最好的成绩只有第四名，与其他学校相比，差距很大。小棋手的成绩乍一看很一般，但是本次比赛并没有为特殊孩子单独设立组别，也就是说他们是在和健全的孩子一起比赛，这是一场纯粹的智力比赛！对手们大多都是先经过学校内部的选拔才拥有打市级比赛的资格的，他们是健全孩子中的聪明孩子。

而元平特校的参赛选手全部来自我校智力障碍教育部，也就是说，他们从医学上已经被认定为智力残疾人，智商只有70以下。另外，几乎所有的学校的选手都是由专业跳棋教练教出来的，很多人除了在学校里学习，还在校外的专业棋校训练，而元平特校的孩子们没有经过专业教练的训练，他们有的只是我这个社团课老师的业余辅导。临出发前，谁都不看好他们，有几个孩子的父母不愿意带孩子露面，就直接放弃了，有的老师也好意劝我：他们的水平很有限，你真的要带他们去市里比赛？连我家人也劝阻我，带他们和正常学生比赛？你还真是不死心！那个时候除了他们自己，全世界就只有我看好他们了！

这支棋队，从智商上要输给对手一大截，训练条件也远远不如对手，假如对手了解他们的身份，甚至会不屑于跟他们比赛。他们虽然有智力障碍，但他们艰难地学会了下国际跳棋，勇敢地走上了深圳市级国际跳棋赛场。他们神奇地战胜了部分对手，并出人意外地获奖了。他们的表现令人惊艳，他们的勇敢令人佩服！

其中刘铭同学的故事特别让人唏嘘，本次比赛的赛场原来就是他的母校，他在凤岗小学读到了三年级，四年级的时候因为成绩落后太多，迫不得已转到了元平特殊教育学校。回去比赛时，以前的老师还以为他回去办什么手续，万万没想到他居然是代表元平特校回母校参加市级比赛，而且是跟智力有密切联系的跳棋比赛，最后居然从母校捧回奖牌！扬眉吐气啊！

在颁奖典礼上，深圳市教育局德体卫艺处钟子荣处长、深圳棋院张进副院长等领导亲自为他们颁奖，并鼓励他们认真学习棋艺，再接再厉，继续为元平争光。对于五位小棋手来说，这是属于他们的光荣！对于元平特校来说，这是突破性的胜利！因为这是学校建校二十多年来，特教学生首次与健全学生同台竞技，并在智力运动国际跳棋竞赛中获奖！

长期以来，智力障碍的孩子在对外交流比赛中，要么参加各种特奥比赛，在特教圈中比拼，一旦走出特教圈子，只能在唱歌、画画等项目中秀才艺，常常要借助同情分才偶有获奖。在纯智力的下棋比赛项目中，挑战普通学校中的聪明孩子，这是闻所未闻的，因此此次比赛成绩出乎家长的意料，赛后家长激动地说："没想到她赢了，这个活动太好了，有好的活动希望多带带陈君，她其实很喜欢的。谢谢老师，老师辛苦了！"徐衡家长说："儿子太棒了，居然赢了三盘，好厉害，谢谢老师！"刘铭家长说："我觉得让他们去感受和学习一下是很好的，本来也没指望能拿奖，没想到最后居然拿了奖，太好了！"

孩子们在智力赛场以弱胜强的消息，在特教圈中传为美谈。老师们都很惊诧，不敢相信，纷纷表示祝贺："太强了！"几位老师还推荐小孩过来学棋，一些略通棋艺的老师急切地想和孩子们试试手，其中一位有几十年经验的老教师夸张地说："赖华南是神人，创奇迹，立奇功！"其实神的是孩子们！

这的确是个奇迹，在特殊教育领域有一种比赛难度极大，就是特殊儿童和健全儿童同台比赛，并且特殊儿童战胜健全儿童获奖，可以说是特教领域的皇冠，其中更有四个项目的奖项堪称特教领域皇冠上的四颗明珠，这四个项目分别是盲聋学生做演讲、脑瘫学生跑百米、自闭症学生社交、特教学生比下棋。这四个项目中，特教孩子几乎不可能在正式比赛中打败健全孩子获奖，因为太难了，听起来就让人有绝望的感觉。此前唯一有记载的例外是美国的世纪偶像之一海伦凯勒女士，又盲又聋的她在莎莉文老师的指导下，学会了做演讲并成为杰出的社会活动家，获得过大奖。其他领域都有待特教人来突破，这次，我的学生陈君等人完成了另一个历史性的突破！

创造奇迹的陈君是怎样走上学习国际跳棋的道路的呢？之前我在教她数学的时候，发现她的计算能力明显优于同班同学，所以申请开设国际跳棋社团课，并以她为主力组织了国际跳棋参赛队。我相信她的潜能在国际跳棋项目上能有所发挥，她果然惊艳地创造了极大超出我预期的奇迹，带给我惊喜和成就感。感恩这些年所有为中国国际跳棋发展做出贡献的人，感恩深圳教育系统为残疾儿童创造的良好教育条件，感恩元平特校所有支持棋类社团的人，因为你们的努力和付出，我才有机会带孩子们创造奇迹！

其实自从2016年开始教学生国际跳棋，我就有一点不一样的感觉：课堂时间过得好快！从那时起我有了更多热情教棋和思考教棋了。去年五月份的比赛是一个里程碑，又是一个新的起点。经过暑假的修整，我在下半年以更多的精力来发掘跳棋人才，从自己的班组跨界到其他班组，对跳棋队也进行扩编，按照比赛的要求增加了替补队员。10月份，机会又来了，我带着我的"残兵弱旅"再度出征，三百多位小棋手经过一天7轮的激烈缠斗角逐，我校棋手共获得11个奖项，总成绩进入中学团体组前四名。此外，在此次比赛中，我校共有八名运动员的胜率超过50%。根据相关规定，他们还将获得中国跳棋协会颁发的荣誉称号。

小棋手们不仅棋艺亮眼，棋德也让人信服。他们自觉帮助工作人员收拾器具，完全听从裁判的判决和指挥，签字落落大方，握手郑重其事，他们在赛场上的文明行为赢得裁判的尊重。

就餐时，他们随时收拾垃圾、保持餐桌的卫生，工作人员和在场家长对他们赞赏有加。孩子们在校外的文明行为充分展示了我校日常德育的教育成果，让家长对未来孩子融入社会有了信心和希望。

孩子们在青少年比赛中的出色表现吸引了现场观赛的深圳棋院国际跳棋总教练邹佛生先生的注意，他和棋院领导协商后决定联合乐家慈善基金会支持特殊孩子学跳棋。后来他来元平特校做了支教、讲座、比赛一体的国际跳棋推广活动"快乐国跳　益智元平"，在活动中举办了一次校内国际跳棋比赛，我带的"残兵弱旅"在比赛中和校内聪明的聋生一对一对决，最终，他们分别拿下两个冠亚军，聋生获得两个第三名和一个第八名。

在国跳项目快步发展的同时，我校小棋手廖瑞参加了国际象棋的学习，在一次定级赛中获得小组第六名，成为广东省棋类协会的四级棋手。

这时，我开始思考一个问题，孩子们在棋类项目训练中表现出来的智力水平，是否有迁移到其他项目的可能？于是我开始探索其他智力项目。很巧，我得到了一份智力七巧板项目的参赛文件，于是小棋手们展开了跨界的奇迹之旅，在省市两级智力七巧板比赛中接连夺得13个奖项。1月6日，由深圳市科学技术协会、深圳市教育局和共青团深圳市委员会共同主办的第十三届深圳市青少年智力七巧板系列活动总决赛在深圳市红岭小学举办，我校在该赛事中共收获6个奖项，六名同学参加了科普教育创新作品赛。

在深圳市龙岗区平安里学校举办的由广东省科普中心、广东省科学技术协会关心下一代工作委员会、深圳市龙岗区科学技术协会等单位共同主办的"第四届广东省青少年科技七巧板创意制作竞赛（深圳赛区）

活动"中，我校选手共收获7个奖项，包括二等奖1个、三等奖5个和优秀组织奖1个，同时深圳元平特殊教育学校荣获优秀组织奖。

智力七巧板，又名科技七巧板，是在传统七巧板器材的基础上改良升级而形成的新型智力项目，它既有严谨的逻辑要求，又有灵活的创意要求，表现力丰富，是个有一定难度的智力项目，很多健全孩子都望而生畏。今年市赛要求选手以"鹏城青少年喜迎嫦娥五号落月采样归来"为主题进行创作，很多选手因为作品质量欠佳空手而回，我校选手是首次参赛，能在深圳各区的优秀选手的包围中斩获6个奖项是历史性的突破。今年七巧板省赛采取的是现场团体赛形式，我校的6支队伍在赖华南和罗琴老师的带领下参加了小学高年级组和亲子组的竞赛。参赛选手们需要围绕"保护青山绿水，建设美丽家园"的主题，以身边的学习和生活事例及见闻为题材，认真设计、构图和创作，抓住七巧板的特点，以绘画的形式充分表达自己的想法，发挥想象完成作品。

孩子们的课余训练时间很少，比赛时间也只有90分钟，但一进入比赛现场他们都全身心投入比赛，通过巧妙拼搭，一幅幅奇特精美、独有创意的绘画作品跃然纸上。孩子们通过拼搭和绘画传达出他们的科技意识以及热爱生活、爱护大自然的美好情怀。省赛比赛现场总共有来自深圳、惠州、汕头、佛山、阳江、江门等城市的普通学校的100多支队伍，因为普校学生人数众多，易选才，他们的队员都是健全孩子中的佼佼者。我校是唯一一所参加本次比赛的特殊教育学校，小选手全部来自智力障碍教育部，在老师的精心辅导下，在众家长的支持下，小选手一次又一次勇敢面对与健全孩子同场竞技的强大压力，通过稳定发挥，最终他们在省市两级智力七巧板的比赛中一共收获13个奖项。

系列智力七巧板比赛赛出了我校师生团结协作、家校配合的优秀传统。成绩和荣誉给参赛师生带来极大的鼓励和肯定，特别是胡婷家庭，家里两个小孩都在元平特校读书，前些天姐姐胡玉刚刚代表学校在2017

珠三角特殊教育学校体育联盟校际运动会上得奖，随后妹妹又在省级智力竞赛中获奖。智力七巧板系列主题科普活动，开阔了孩子们的视野，锻炼了他们的动手动脑能力，激发了他们的科学兴趣和想象力，丰富了他们的课余生活，培养了创新创造意识，良好地促进了孩子们的健康成长。

与之前的国际跳棋比赛一样，智力七巧板赛场的成绩再次证明，我校特教学生参加部分普通学校举办的智力竞赛是有机会拿奖的。从去年5月至今，我校智力障碍教育部的孩子们参加校内外各级别智力竞赛，已经在智力七巧板、国际跳棋和国际象棋等项目中累计获得40个奖项，所有的奖项都是在和智力健全孩子的同标准对决中获得的！40个特殊的奖项是深圳特教对改革开放40周年的特殊献礼。党的十九大报告中提出"办好特殊教育"，如何实践？领跑中国特教的教师团队用世界特殊教育史上前所未有的奇迹交出了第一份亮眼的答卷。

（注：文中出现的学生姓名均为化名）

与我的玫瑰女孩相遇

深圳市南山区龙苑学校　马晓晨

在我尚且短暂的教育生涯中，我遇到过几十个形形色色的折翼天使，有孜孜不倦地执着于练"铁头功"的"石头娃"，有趁老师不注意一天能溜出教室十几次的"泥鳅宝宝"，有小小年纪但却具备"十八般武艺"的"金刚力士"，也有周身气味独特且令人难忘的"榴莲小王子"。

但是，令我印象最深刻的还是我的"玫瑰女孩"。

她叫小玫，玫瑰的玫。初次见到她的照片，我就在想，天哪，这个小女孩真的跟玫瑰一样的可爱、漂亮。

当然，玫瑰都是有刺的。我很快就意识到了这一点。

与玫瑰女孩相识的第一天，我们就收到了别样的问候。"啪"，助教老师的脸上结结实实挨了小玫一个响亮的耳光，眼镜瞬间飞了出去。走路走得好好的，小玫却突然用力踢了我两脚，还是高抬腿加连环腿，然后又飞快地跑开了。

在接连几天观察过小玫的行为后，我陷入了深深的思考。她为什么会这样？是为了引起我们的关注吗？是没有规则意识吗？还是因为对新环境不熟悉呢？我想走近她，可是每次都被她推开；我想靠近她，可是每次她都躲闪着跑开了。看着她每天孤零零地坐在角落里画画的小小身躯，我努力思考着究竟怎样才能打开她的心扉、走入她的世界的问题。

小玫喜欢搭积木，我试图坐在她身边和她一起搭，希望在共同的活动中建立和她的联系，但是她马上伸出胳膊把所有的积木揽到了自己的怀里。小玫喜欢吃肉，我试探性地问她要不要老师的肉，尝试通过分享她爱吃的食物拉近与她的距离，但是她立刻扭过头再也不愿看我。小玫跟妈妈的关系很好，我通过家访跟小玫妈妈建立起了良好的关系，希望小玫能同样感受到我对她的关心，但是小玫仍旧对我不理不睬……慢慢地，我甚至觉得小玫的周身仿佛包裹了一层厚厚的包浆，让我无可奈何。那段时间里，我陷入了深深的自我怀疑中，难道真的无能为力了吗？

时间匆匆而过，转眼一个学期已经过去，小玫却仿佛依然是班里的陌生人。一天，课堂上，小玫突然双眼翻白，从椅子上歪倒在地上，身体也开始抽搐起来。看到这一幕，我愣住了，她这是怎么了？但是，大脑突然像划过了一道闪电，我顿时明白过来，癫痫！是癫痫发作了！第一次面对这种可能危及生命的紧急状况，一瞬间，我觉得全身的血液都涌到了大脑，四肢也开始僵硬起来。可是，情况危急，我强迫自己从混沌清醒过来，紧张地思索应急对策。

癫痫怎么处理？教科书上讲过很多。可是，看着已经歪倒在地上、止不住抽搐的小玫，我根本来不及找毛巾和压舌板啊！怎么办？情急之下，我只能努力让小玫平躺，然后用力掰开她的嘴巴，顺势把手指塞到她的口腔里，等待校医的到来。那个时空仿佛静止了，温暖的午后，嘈杂的教室，冰冷的地板，只有陪着她的我，只有靠着我的她。手指传来一阵阵钻心的疼痛，我的心底却不由得渐渐翻起一丝一丝的喜悦。这喜悦在我的心中慢慢扩散，最后居然填满了整个心田。因为我第一次感受到作为老师的我对于小玫的价值。那就是即使我什么都不能做，我依然可以给她一些温暖的陪伴。

  这件事过后，我惊喜地发现小玫居然对我不那么抗拒了，对我的遵从和依恋也明显多了一些。原来，我苦思冥想的答案居然只是在孩子脆弱时给予她足够的、充满耐心和爱意的陪伴。玫瑰女孩，终于成了我的玫瑰女孩。

  后来，我北上求学，在每日的忙忙碌碌中渐渐淡忘了我的玫瑰女孩。一天，我突然收到了来自小玫妈妈的短信。我心里一阵诧异，是不是发错了？打开一看，是一条语音短信。点开一听，眼泪一下子就流出来了。小玫稚嫩的声音虽然断断续续，但也无比清晰地传来："老~师~我~想~你~了~"。虽然我们的生命早已经迈入了不同的轨道，但你居然还记得我。在那一刻，我真真切切感受到了幸福。而之后回味那一刻的每一刻，我都觉得很幸福。原来，玫瑰女孩的刺真的可以在温暖陪伴的浸润中渐渐软化，慢慢脱落。我为自己真正走入了玫瑰女孩的生命感到幸福，也为自己真正感受和理解了这个教育中最平凡、最朴素的真理而感到幸福。

  美好的教育是生命之间的相遇，是灵魂之间的碰撞。特殊教育老师也许难以做出惊天地泣鬼神的大事，但永远在用爱、耐心和陪伴谱写着一个个春风化雨、润物无声的小故事。我的玫瑰女孩，感谢生命中与你的相遇。我愿一直做一个温暖的、有爱的，也能够给予学生温暖和爱的老师，也愿做一个更加坚定的特殊教育道路上的前行者。

把你的手放在我的掌心

深圳市福田区竹香学校　王唯颖

一、未见其人，先闻其声

"小羊咩咩叫妈妈……"极好的音准，铿锵有力的节奏，声如洪钟的哭腔，交杂在一起。这是我第一次踏进学校，响彻校园的歌唱声。老师们告诉我，这是阿羽（化名），今年8岁，是一名孤独症儿童。他眉清目秀，长得俊俏，是妥妥一枚美男子，可是情绪控制不住，会伤人也会自伤，所以全身"伤痕累累"。平时上课得几个老师看着他，力气大的时候得男老师才能控制住他。他每次生气时都会唱这首《小羊咩咩》。我不由得心头一颤：我能带好这帮孩子们吗？"不过，他有音乐天赋，听过一遍的歌曲就能马上唱出来。"一位老师迫不及待地告诉我。就这样，带着心中的疑虑，在"美妙"的交响曲中，开启了我的特教生涯。

二、初次过招，多多指教

暖冬，阳光洒在宽阔的操场上，满墙争相斗艳的杜鹃花令人心生欢喜。走进教室，一张张可爱的脸庞，一双双清澈的眼睛望向我。唯独坐在最后的一个孩子，埋着头，玩着口水，班上的两名辅教老师一左一右地站在他的身旁。我想他就是那名"歌唱家"吧？

大半节课过去了，他都专心地在"自己的世界"里玩耍，安安静静地。想起他的音乐天赋，我试探性地走近他说："阿羽，你会唱歌吗？"话音刚落，他紧握着双拳用力敲击在桌面上，嘴里哼唱起了耳熟能详的《小羊咩咩》。说时迟那时快，我的右胳膊传来一股钻心的疼痛。原来是趁我不注意，他狠狠地在我的胳膊上咬了一口，辅教老师立马上前控制场面。当我还沉浸在自己的伤痛时，其他孩子也已经失控，我眼看着乱作一团的糟糕的课堂，还没回过神来，一边的辅助老师欣慰地说："还好没咬到其他的孩子。"看着手臂上一道深深的血痕，我的眼泪顿时像断了线的珠子往下掉，这就是我以后要面对的孩子。

三、把你的手放在我的掌心

我和阿羽的博弈一直"僵持不下"。我开始有意接近他，阿羽有属于自己的一块安全领土，对身边的人非常冷漠，很少与人对视，行为刻板重复，喜欢独自玩耍。看见他能配合班主任的课堂回答，甚至偶尔会挽着班主任的手，我心里好生羡慕。

我学着用孩子的话语系统和他们交流，慢慢走进他们的世界，从学生感兴趣的话题入手，问小不问大。一次课间，我看见阿羽一个人坐在教室里，他身旁散落着零碎的纸张，拿着彩笔涂指甲。我身体前倾，做出侧耳细听状问："咦？你手指甲上的颜色是刚才绘画课涂的吗？"这一问，阿羽低着头的嘴角微微上扬，似乎兴趣来了，恨不得要拿笔在我的指甲上涂色。"可以让我欣赏一下吗？"这一次，他抬起头和我对视了一眼，将手放在了我的掌心。

四、音乐浸润，嫩芽破肥土

日本作曲家坂本龙一曾在宫城县演奏时说过，你永远要相信，音乐是生活的解药。既然阿羽那么喜欢音乐,为何我不结合自己的专业,学以致用呢?我开始大量学习有关于"音乐治疗"的知识。

节奏模仿。通过阿羽多动的行为,在节拍框架中进行节奏模仿训练,从而提升其对自身行为的控制力。

协同演奏。在阿羽与班级其他同学协同演奏的过程中,我通过用自己的乐器呼应他们的演奏来提升陈羽的注意力和社会交往能力。

即兴表演。在乐器表演即兴演奏的练习中,我提升阿羽的情绪感知及表达能力,缓解他的情绪。

在上唱游律动课时,我尝试用不同风格的音乐。记得那次播放《夜空中最亮的星》时,阿羽又拍手又跟着哼唱,摇头晃脑,我想那一刻他心中很多热情的东西已与他的感受相匹配了。

关于那首陈羽一听就有反应的《小羊咩咩》,后来才知道,我们把成人的约定俗成的观念架在了他的情绪上,他或许抗拒的并不是那首歌曲,而是情绪的宣泄口。

5年多的时间过去了,随着时间的积累,我和阿羽成了亲密的小伙伴。看见我搬运教具时,他还能过来帮手了。我也成了曾经自己好生"羡慕"的老师。爱为底色,让生命在润泽中成长。"特殊"不是用来定义我们的学生的,而是定义他们的障碍所需要的专业支持,当我们给他们有力而恰当的支持时,他们在成长的道路上也能舞出最绚烂的色彩。

阳光体育时间到了,操场上,阿羽拉着我向前奔跑……

奔跑吧 阿宁

深圳市龙华区润泽学校 黄静

"那个孩子站在篮球架上了，好危险啊！"

"这是哪个班的学生啊？"

"这是怎么爬上去的啊？"教职工群里炸开了锅。体育老师晚上在群里发了一张相片，说是放学后在操场上拍到的，一个学生爬上了高高的篮球架，并站在上面毫无惧色，老师怎么喊这个学生也没反应。体育老师让各班主任认领是哪个班的捣蛋鬼。我只瞥一眼就知道那是阿宁。虽然那个身影那么模糊。阿宁被我戏言为"运动小健将"。这里的运动小健将是打着引号的，顾名思义他并不是我们印象中能在操场上奔跑的健将，而是哪里有危险就往哪里爬，哪里空旷就往哪里跑，不是为了竞赛，而只是出于本能。

阿宁皮肤白皙，身材纤细修长，尤其是一双大长腿，乍看上去以为脚底垫了高。他是一个自闭症儿童，所有自闭症孩子具备的特点他一样也不落下。比如说，多数时间他都沉浸在自己的世界里，对于老师苦口婆心的讲授充耳不闻，对于黑板上变换字样的板书视而不见，如果你强制把他拉回现实，他会茫然地看着你，口里喃喃自语："老师，119。老师，119！"课堂上，他如果不是陷入沉思中，就是在自言自语中。

但是，只要教室的门稍稍打开一点点，他都会注意到。这个时候，那个迷茫、漠然的阿宁突然就消失了，他的眼睛机警地关注着老师的一举一动，倘若老师稍一不留神，他就会以迅雷不及掩耳之势如离弦的箭般嗖地跑了出去，一边跑一边不时回头看是否有人追赶他，如若追赶的是女老师，那他就毫不犹豫地继续跑，完全没有停的意思，无论你怎么喊他都仿佛没听见。他就如一只冲破牢笼的小动物，那股兴奋劲儿用语言都无法形容。当然，他的目的地通常只有一个，就是操场边上的篮球架。

为了防止他跑掉，上课、下课的时候教室门都会紧紧关闭。这个时候他会安心地拿一张纸，不停地摇动，左手摇完了换右手，右手摇完了换左手，还歪着脑袋看晃动的纸片，仿佛在研究这纸片为什么一直都在动。如果老师这个时候放松警惕那可就大错特错了。他一边玩一边会拿眼角偷偷地瞄老师，倘若老师有一点点松懈，他就会悄悄挪到教室门前，然后以最快的速度打开门，直接冲出去。似乎所有的快感都集中在这奔跑的一刻，为了一这刻，他可以不迷茫、不犹豫、不顾忌，甚至可以在这一瞬间摆脱他自己的那个我们无法触摸的世界。

总之，他一直在寻找一切机会逃离教室去奔跑，欢快地甩开他的大长腿，只为了奔跑，至于奔跑的目的是什么，要跑到哪里去，什么时候停上，这些复杂的问题就留给老师去想吧。

每次上课，我们都提心吊胆，神经的弦绷得紧紧的，生怕一个不留神他就不见了。但是怎么样找到突破点呢？我翻阅了很多书籍，又反复询问他的妈妈，了解他的喜好。后来我了解到阿宁还有一个爱好，那就是特别喜欢打架子鼓。如果他在家不听话，妈妈就威胁他说不去打架子鼓了，他必定乖乖听妈妈的话。我把这一招借用过来。每当他发足马力准备奔跑时，我就冷冷地说："今天的架子鼓取消了。"果然非常有效，此话一出，阿宁的大长腿老老实实地收好了，终于可以安静地坐在

41

教室里了，再也不会无故狂奔了。

　　知己知彼方能百战百胜。我们作为老师一定要读懂学生，清楚其日常表现，了解他的成长经历、认知需求和情感需求，只有这样教育才能有的放矢，才会见成效。

专题 ❷ 家校携手

家长是孩子生命中的精神供氧者。学校教育需要爱、智慧与专业,更需要家校携手,共同为学生搭建成长之路。本专题中的三位老师,通过真诚地呵护、耐心地沟通、持之以恒地努力,在点点滴滴中温暖着一个个特殊学生,给特殊学生的家庭带来希望……

他什么都做不好

深圳市福田区竹香学校　郑智

一、"小啊男孩"

"啊！老师，怎么办！"小金的求救声又一次在教室响起，经过主教老师和辅教老师十几分钟的鼓励、安抚，小金才战战兢兢地继续他的拼图任务。这样的场景，时常上演。

小金，一个可爱的大男孩，患有中度智力障碍。他是老师同学们的"开心果"，课间常带来他的"即兴表演"，歌声欢快，也能在老师的帮助下做很漂亮的手工。但在学习的新知识技能或任务稍难时，他需要老师鼓励很长时间才有勇气尝试，挂在嘴边的就是"啊！我不会""啊！我怕"，甚至出现以为自己完不成任务哭鼻子的情况。但是老师们知道类似的任务对小金来说是难度较低的，可无论怎样鼓励，小金的自信心和耐挫力都较为堪忧，每天从小金嘴里听到最多的就是"啊！"。

二、语出惊人

为了增加小金的自信心，我们"花样百出"，让他参加班级展示活动、做升旗手、担任班级劳动委员，还在课间坚持带他踢毽子等。一段时间后，小金在各个方面都有很大的进步，但还是经常性地在做"小啊男孩"。

当我把小金在校的进步和积极表现告知他的爸妈时，先是他的妈妈语出惊人："真的假的？他在家很懒的，我们让他做什么他都不愿意做。"随后在我试着说出小金退缩的缺点，并想和家庭一起找原因找对策时，他的爸爸更是语惊四座："哼，他就那样，干啥都不行，就吃饭看电视积极。"一时，我竟有些语塞，这样的评价是我没有想到的，更没想到小金是个在家和在校不一致的"两面派"。

三、"望子成龙"

第二天，小金爷爷送他上学，我随口问起小金的父母，小金爷爷说小金妈妈给小金报了很多辅导班，大部分都是和普通学生一起上的，小金经常备受打击，积极性不高。小金爸爸经常带他做运动，如打球、跑步等，但是总觉得他不认真，特别希望看到孩子明显的进步。

原来，这是一个还没有完全"悦纳"孩子特殊性的家庭，家长迫于心理落差带来的压力，苦于看不到"进步"，拔苗助长。孩子因为长期的否定和失败的经验，在挣扎中失去了自信。

这样的家庭背景，让我想到了罗杰斯"人本主义教育观"提到的教育的目标是要培养健全的人格，必须创造出一个积极的成长环境。特殊儿童虽在智力发展等方面存在滞后的问题，但同样遵循普通儿童的情感、兴趣、动机的发展规律，要顺应学生的兴趣、需要、经验以及个性差异，才能开发出学生的潜能、激发其认知与情感的相互作用。

我建立了一个"爱的天使"微信群，群里是任课教师和小金的爸妈，教师们常态化地把小金在学校的表现以小视频的形式发送给家长，最开始，一天下来，可能收到的回复只有"谢谢"两个字。

但是我继续坚持，把小金的努力编辑成文字，如：小金课间尝试很多次，终于踢到毽子；小金今天唱了《我和我的祖国》，大家都很喜欢；小金像个大哥哥，帮助其他班级的同学值日；等等。

慢慢地，小金爸妈的回复变多了，偶尔也对小金的表现加以肯定，也会询问小金在其他方面的表现。

四、直面成长

在又一次和小金爸爸的见面中，我把小金在学校的作品装在文件袋中，当画作、练习纸等厚厚的成果在小金爸爸面前一一展示的时候，小金爸爸很开心也很疑惑："为什么他在学校这么积极？"我直截了当地说："孩子在校积极表现，在家却没有动力，家长是否要考虑下原因呢？""孩子需要我们的鼓励和支持，您是否可以改变下教育方式方法呢？"小金爸爸若有所思地点点头，表示会有所改变。

家长的观念在转变，我们也对小金同学采取了更多的积极教育策略。对于这个年龄段的学生而言，同伴非常重要。在"阳光体育"活动期间，我给了小金一个新的角色——"小辅教"，让他帮助低年级一个肌无力的同学拍皮球，小金很喜欢交朋友，开心地答应了。当低年级的学生每次不能很好地控球时，小金都会鼓励他。我把这一幕幕以视频的形式记录下来，在小金遇到自以为很难的任务时，播放给小金看，并以他自己的话鼓励他勇于尝试。慢慢地，小金从"小啊男孩"蜕变成"我来男孩"。

小金的进步就在这样循序渐进的过程中发生着质变。随后，我邀请小金家长到学校做家长义工，近距离感受孩子的进步。

学期末，小金家长来到学校开研判会，在大家说起小金的进步和表现时，小金爸爸也开心地表示现在小金越来越好，在家也在尝试学骑独轮车。并且现在，小金不再爱哭、怕做错，越来越胆大积极。

抓住契机引导家长面对现实，才能给孩子提供最大可能的帮助。小金的家长在很长一段时间里忽视孩子的努力和进步，也没有采取行动给予孩子真正的帮助。当小金父母已经对孩子的表现感兴趣时，当我把文件袋里孩子悉心完成的作品一一展示给他时，当他走进学校看到小金的努力时，家长才真的有了直观的感受，反思自己曾经走过的一段弯路，转而关注孩子内在的兴趣和需要。他们的转变和支持让小金变得活泼开朗，自信心也大有提高，开始享受成功和快乐。

5元钱"买"来的诚实

深圳市福田区竹香学校　王鹏

一、存不住钱的瑞瑞和情绪失控的外婆

瑞瑞是我班上的一个女生，今年13岁，刚从普通学校初中部转来我们这所特殊教育学校。她的妈妈说她很爱花钱，身上现金存不住，甚至会翻外婆的钱去花，外婆常常因此情绪失控，导致祖孙口舌相争，有时甚至大打出手。更严重的问题是，瑞瑞经常不承认是自己把钱花掉了，找各种理由推脱。瑞瑞妈妈曾经跟我说过，给瑞瑞的"深圳通"卡充值，如果充得多了，瑞瑞会拿去买零食，因为如果按照正常乘公交地铁的费用来算，卡里的钱不会花得这样快，但是瑞瑞撒谎说卡有问题乱扣费。

一天早晨，瑞瑞妈妈给我留言"外婆给了瑞瑞5元钱，希望她能保留到下午回家，如果达成，会有奖励。"没一会儿，瑞瑞妈妈再次留言："今早5元钱她已花，她在（儿童）手表上告知我钱弄丢了……今晚外婆会再次崩溃……"

二、懊丧惶恐的瑞瑞和"赌"5元钱的老师

"瑞瑞，听说今天早上外婆给了你5元钱，你把它弄丢了？"我在

办公室问瑞瑞。

"是的，外婆又要说我了！"瑞瑞虽然还在笑着，但是我能感觉到她有一些沮丧。

"那你跟老师说实话，到底是丢了，还是自己花掉了？"我试探着问道。

"丢了，我也不知道在哪儿丢了。"瑞瑞语气有些懊悔。

"老师了解了，你先回教室吧。"我这样说着，心里开始盘算这个事儿要怎么处理才能让孩子说实话，又能保证晚上外婆不会崩溃。

过了两节课，我打定了一个主意，又把瑞瑞喊进了办公室，问她："你的5元钱弄丢了，晚上回家怕不怕？"

"怕！外婆会很生气的！"外婆会生气这件事她倒记得很清楚。

"那么你有没有想到什么办法，能让外婆不生气？"我试图引导她自己提出解决方案。

瑞瑞低头沉默了一会儿说："我想不到。"

见状，我提议："你看这样行不行，今天给你开个特例，你可以通过劳动换取报酬，今天你在班上为大家做劳动，放学了老师给你5元钱，作为你的劳动报酬。"

"太好了！"她又高兴了起来。

于是她主动扫地，发午餐给大家，帮同学铺午休床，下课抢着擦黑板。很快就到了放学的时候，我又把她请进了办公室："这是给你的5元钱。知道为什么给你5元钱吗？"

"因为我帮大家劳动了！"她开心地回答。

"开心吗？"

"开心！这样外婆就不会生气了！"

"还敢不敢把这5元钱弄丢了？"

"不敢了！"

"那你现在再跟老师说说,早上那5元钱到底是弄丢了还是自己花掉了啊?"

"弄丢了。"

"你说弄丢了,老师相信你!以后再有钱的话,还敢不敢'弄丢'了?"

"不敢了!"

既然瑞瑞一再说是弄丢了,那我就"赌"她真的丢了!

三、首次存钱的瑞瑞和赋予信任的妈妈

第二天早晨,瑞瑞妈妈发来消息:"昨天下午第一次不花手中现金!"看到这条消息,我知道,自己"赌"对了。让我们把时针拨回到昨天下午——

下午三点多钟,瑞瑞妈妈留言说:"放学时我鼓励瑞瑞如实向外婆汇报5元钱花在哪儿了,告诉她诚实也加分。但外婆不信这套,暴跳如雷。"看来诚实只在妈妈这里加分,在妈妈的妈妈那里,并没有用。我把自己的处理方式告诉了瑞瑞妈妈:"孩子现在说丢了就认为她是丢了吧!没有证据,只凭怀疑,会伤她自尊。"瑞瑞妈妈不信:"花现金没证据,刷卡可是有记录的!"我解释道:"刷卡是以前的事,这次是花现金。这种怀疑的话,问过了她不承认,就先不硬拆穿她,否则这个说谎行为会因为维护自己的自尊一直持续下去,关键是我们也没证据,现在把钱给到她以后,让她保证不会再丢,观察后效吧!"

——"今早外婆又奖励1元给她,现她手中有6元现金。"瑞瑞妈妈字里行间透着开心,"外婆知道真相,指着她问钱花哪儿?我采用您的方法:只是怀疑,给她面子。"

我有些担心:"外婆能理解不?"

"立马平息!"

我趁机又补充:"孩子的自尊心要小心呵护,不能仅凭怀疑来批评她,就算有证据,也要想办法温柔地教育,不然长此以往就要和她形成一种消极的互动模式,是不利于长期发展的!"

"好!"瑞瑞妈妈回复得很干脆。

四、尾声

纠正孩子的撒谎行为,是一项持久的工作。经过我和瑞瑞妈妈的沟通,她调整了和瑞瑞的沟通方式,令人欣慰的是,瑞瑞妈妈说瑞瑞诚实的行为逐渐多了起来,前阵子还第一次主动承认了自己做的一件错事。此外,我还鼓励她和瑞瑞商定行为契约,如果能存钱,存多少钱就有对应等级的奖励(相当于存钱利息),明确如果"深圳通"卡里的钱只用来乘坐公交地铁,又会有什么样的奖励。前些日子召开家长会,瑞瑞妈妈私下跟我说:"现在瑞瑞比原来好管多了!"我说:"您尊重她的意见,尊重她的选择和决定,和她相处起来当然就愉快多了!"

看见你的"声音"

深圳市福田区竹香学校 罗满丽

一、听取"哇"声一片

"哇，哇，哇……"兴奋的叫喊声又在教室响起，紧接着，传来一阵噼里啪啦的声音。课间10分钟也不得安宁。我头疼地走过去，看着书架旁边散落一地的图书，还有那个坐在地板上哈哈大笑的卡卡。

我努力保持冷静，认真严肃地看着卡卡，他却像没事发生一样，依旧坐在地板上呵呵地笑着。我蹲下来，认真地对他说："卡卡，请把书捡起来。"他的笑容收敛了许多，但仍然无动于衷。我压低嗓音，重复说了一遍。他见我态度坚定，又正颜厉色，只能慢慢地挪动小手一本一本地塞进书架。但是，相同的事件隔三岔五地上演，不是书架遭殃，就是同学们的水杯遭殃。

又一天早上，我刚在办公位坐下，"哇，哇，哇……"配着一阵急速的"咚咚咚……"声传来，不用猜就知道一定是他来了。紧接着，就听到走廊上传来老师的声音："卡卡，你来啦，早上好。站好，请把手放好。"卡卡妈妈赶紧从后面跑上来解释，"卡卡看到喜欢的老师太兴奋了，想和老师打招呼，所以才这样。卡卡，站好，放手。"他的妈妈边说，边准备把卡卡的手从老师的裙子上扯下来，扯不过，啪啪，用力打了两下，卡卡的手背上慢慢开始泛红，"你再这样，我不理你了。"卡卡妈妈红着脸，扯着嗓子大叫。我赶紧走出来说："卡卡，老师不喜欢这样，请你把手放开。""嗷，嗷，嗷……"卡卡低声叫着，不情不愿地松开手。

卡卡是我们班里的脑瘫孩子，存在着运动功能障碍和语言障碍。他走路摇摇晃晃但是很快，走起来老师都要跑着去追。他没有语言，只能发出一些单音，时常用他的单音来表达情绪。

趁着这个机会，我和卡卡妈妈聊起最近卡卡在学校的表现。卡卡妈妈听了之后，赶紧和我解释："他就是这样，管都管不住，在家他就是大王，他想做什么都行。"通过交流，我了解到：卡卡爸爸工作忙碌，家里主要由卡卡妈妈照顾，卡卡还有两位哥哥，卡卡在家里大喊大叫会影响哥哥们学习，因此在家里他想怎样都行，卡卡妈妈也管不住……"老师放心，我在家会好好管他。我还有事，先走了哈。"留下这样一句话，卡卡妈妈匆匆离开。

我只能和卡卡妈妈继续在微信上沟通，卡卡妈妈也表现得很配合，表示一定会好好管教卡卡。我也和老师们商量，在学校要对他严格要求，统一原则，建立起他的日常行为规范，引导他学会拿书拿本，引导他用摆摆手的方式来和老师打招呼。慢慢地，这些措施似乎开始见效，卡卡哇哇大叫的次数开始减少，被投诉的次数也减少了。

二、看不见的"声音"

过几天，卡卡又故态复萌。这次是因为同学在书架上拿了他最喜欢的书去看，他"咚咚咚"快速地走过去，抢同学拿在手上的书，但是没抢过，在老师们还没反应过来的时候，卡卡就啪啪地拍打起了对方，还推了同学，把同学打哭了。

放学的时候，我特意将卡卡留在教室，到校门口将卡卡妈妈请进了教室。我又了解到，上次聊完之后，卡卡妈妈在家，大部分时间还是对其放任不管；实在惹人烦了，吼也吼了，苦口婆心讲道理也讲了，甚至也打了，结果也就当时见效，过两天，又原形毕露。卡卡妈妈对他的行为也无可奈何。

我将卡卡在课堂上按照老师的要求表现，并得到老师表扬之后表现得更好的视频播放给卡卡妈妈看。卡卡妈妈认识到，要帮助卡卡养成良好的行为习惯，需要让他先知道什么是正确的行为。每次当卡卡表现不好的时候，卡卡妈妈一般都只看到了他不好的行为，却不关心卡卡行为背后的感受、需求，而去指责打骂孩子，或者讲大道理。不了解行为背后的功能，就用命令、惩罚等方式管教孩子，根本无法减少孩子的不良行为，也容易伤害孩子，影响孩子心理健康，错过了了解孩子内心的机会。

如果只通过打骂来管教孩子，可能当下会有效，但从长期来说，最终是毫无益处的。孩子的每一种行为背后都有其深层的原因。而惩罚往往针对的是表面的行为，背后的动机和需求没有被看见、被解决，这个问题依然还是治标不治本。

三、看懂你的"声音"

卡卡因为生理的原因无法用语言清晰表达，"哇哇哇"是他的表达的声音，他所有行为也是在表达，我们要听见这无声的表达。我向卡卡妈妈介绍了行为功能，和她一起讨论分析卡卡这些行为背后的功能。我们发现，卡卡做的这些行为是为了获得老师、家长的关注，是为了得到自己想要的物品。家校合力，共同建立卡卡正向的行为反应系统，教他用招手配上声音来吸引他人关注；安排他当小小分享员，将教室的玩具、书本发给同学，学生都给他鼓掌表示感谢；只要卡卡出现正向的行为，老师就及时给予表扬；在家里卡卡妈妈也让他做力所能及的事，帮助大家，及时给予肯定。慢慢地，卡卡不良的"声音"越来少，还经常得到老师的表扬。

　　和孩子们"斗智斗勇"的日子还在继续。大部分特殊孩子存在不同程度的语言障碍，他们表达不清楚。帮助家长通过观察孩子的行为的方法，听见行为背后的"声音"，为每个孩子建立正向的行为支持，帮助他们用合适的方式方法表达自我，是我们特教老师需要不断努力的方向。

"小霸王"成长记

深圳市福田区竹香学校　孙明昊

一、家长又来告状了

"老师，小林说被小向推倒摔了一跤，我看孩子腿都磕青了。上次小向推我们家孩子我就没说什么，这次又这样，你们老师还能不能管一管了？"

刚下班还没到家，我就接到了家长"兴师问罪"的电话，听完不由得心头一紧。我先向正在气头上的家长表示老师们一定会更加留意并对学生进行安全教育，随后向班里的生活老师了解今天的情况。原来是在体育课同学们做活动的时候，班里的"小霸王"小向又兴奋地到处疯跑，和别的同学打闹，还把一向文静的小林推倒在地。

我们这个班级一共有11名学生，都是患有不同程度智力障碍和自闭症的特殊儿童。小向是一个13岁的有智力障碍的男孩，有一定的语言表达能力，但是说话不清晰，并且说不了完整的句子，只能用几个词语来表达意思。他每天的精力都很旺盛，课堂上只要班主任不在，他就会到处乱走，还喜欢大喊大叫；课间在走廊和操场上跑来跑去，横冲直撞，还经常揪别的同学的耳朵，或者推拉老师同学。有一次两位老师正在楼梯口谈话，小向突然跑过来推了其中一位老师一下，差点把老师推下楼梯。类似的情况还有很多，也经常有其他家长向我反映自家的孩子被小向打伤，甚至有一次放学的时候在校门口，小向还当着一个家长的面和同学打闹，把这个同学的眼角抓破了。

曾经我也多次和小向家长聊过孩子的情况，可是家长和我说小向在家里的时候并不这样。这就让我很困惑了，难道是小向的家长有意偏袒自己的孩子？真相并不会自己说话。我决定去"暗访"一下小向在家的真实情况。

二、亲眼见到的情况

小向家离学校不是很远，第二天放学前我提前和小向的家长说明了想去家访，小向的父母为难地说自己工作太忙，下班很晚。我告诉他们我不用上门家访，就在小向每天晚上下楼玩的地方观察就可以。按照小向父母告诉我的地址，晚饭后我在他们家小区的广场见到了被爷爷领下楼玩的小向。不过我并没有让小向发现我，而是站在大约30米左右的人群中观察他。

广场上的人不少，很多家长都带孩子饭后出来乘凉锻炼。小向的爷爷年近80岁，行动不便，13岁的小向正是精力充沛的年纪，跑起来他爷爷根本抓不住他，只能任由他到处跑跳。只见小向来到小区健身器材旁想和别的孩子一起玩秋千，别的孩子家长可能知道小向是特殊儿童，不太想让自己的孩子和小向一起玩，就推开了小向不让他接触自己的孩子。小向又来到几个踢球的孩子旁边，好像很想和这几个孩子一起踢球。一开始这几个孩子也带着小向玩了一会儿，可是很快他们发现小向好像不太明白他们踢球的规则，总是把球乱踢，这几个孩子见状就不让小向一起踢球了。但是小向不明白为什么这些孩子不带自己玩了，还是想踢，其中一个略显高大的孩子就把小向赶走了，还用球砸了小向一下。

上篇　情深意暖

看到这里，我似乎理解了小向在学校的日常行为，决定晚上再和小向的父母沟通下小向的事情。

三、孩子父母的苦衷

回到家以后我先给小向的父母发信息确认他们是否下班，然后我给小向的爸爸打电话讲述了我在他们家楼下看到的情况。

小向爸爸和我说："老师，我们平时工作一忙起来孩子的事情就顾不上问太多，他爷爷年纪大了根本管不了他，平时还劳烦老师们多费心了。"

我和他爸爸说出了我对小向在校、在家的行为表现的看法，觉得小向是一个比较外向的孩子，他的内心其实渴望和其他小朋友一起玩，有着很强烈的与人交往的需求。只是因为他在家附近玩耍的时候无法融入其他小朋友的氛围，再加上自己的智力水平无法处理这种情况，内心会产生孤独感。而特殊儿童对外界的认知大多以模仿为主，所以他在学校的表现既可能是想引起其他人的关注，也伴有对邻家小朋友行为的模仿，把其他小朋友对他的行为施加在同学身上。

这时小向的妈妈在电话旁语气焦急地问我："老师，那你看该怎么办呢？听你一说小向在楼下被欺负，我听着也心疼，孩子爷爷管不了他，小向平时说话也不清楚，我问他他也说不明白。"

我把我的想法和小向的父母说明，打算用行为矫正的方法引导小向合理地表达自己的需求。他父母不太明白我说的行为矫正的意思，我和他们解释说："每个孩子的问题行为背后都有产生的原因，只有通过这个原因分析出孩子的需求，再给予孩子强化物来增加正向行为，也就是我们期望行为出现的次数，才能引导孩子用正确的行为表达自己的需求。比如小向想要和同学玩的时候，如果能礼貌友好，就给予强化；如果不礼貌或者粗鲁地和人交往，则需要采用负强化的方式，撤销强化物，这样能增加我们期望行为的出现次数。"同时我和小向的父母说明了这种行为矫正的干预方法需要家长和老师的配合，在家、在校的时候都要按照统一的标准执行，不能一时心软就改变了强化方式的给予规则。

小向的父母表示一定会按照我提出的方法来实施，也希望孩子能有所改变。我告诉他们这种方法的实行需要长期的坚持，冰冻三尺非一日之寒，短期未必会看到明显的效果，还要根据孩子自身情况的变化对强化方式进行调整。小向父母也欣然接受了我的这个建议。

四、小向可喜的转变

方案实施伊始，小向还不能明白老师的意图，还总是通过推人、抢别人玩具吸引同学的注意。但我还是坚持按照既定方案执行，耐心和他说明应该如何正确和同学玩耍，一旦有友善行为出现就及时予以强化奖励。两个月以后，当小向跑来告诉我想和同学一起玩积木的时候，我知道老师家长的努力没有白费，坚实的寒冰也终于迎来了消融的一天。

特殊儿童的教育方法与普通学生相比除了具备教育的共通性以外还有着极大的特殊性。特殊学生的智力水平注定了他们无法完全理解老师的意图，问题行为的改变也绝非一蹴而就即可达成的。这注定了这条教育之路的艰难，但再难的事情也总要有人去做，只为了实现特殊学生本应享受到的教育公平。

一个都不能少——送教上门的那些事儿

深圳市龙华区润泽学校　刘园

送教上门是保障重度残疾儿童少年平等接受义务教育的重要途径，是提高社会文明水平的重要体现。我们从"富起来"走向"强起来"，在实现社会主义现代化强国的进程中，特殊教育显得尤为重要。我国在《特殊教育提升计划（2014—2016年）》中明确提出"为确实不能到校就读的重度残疾儿童少年提供送教上门或远程教育等服务，并将其纳入学籍管理"，确保每一名残疾儿童都要接受到正规学校的康复教育。

小宜是一名重度残疾学生，10岁，患有婴儿痉挛症，一种较为难治的罕见癫痫，长期卧床，大小便不能自理，吃饭只能吃流食，语言交流基本丧失。

还记得第一次接触小宜，是我和另外一名老师去他家送教的时候。他家住在一座充满年代感的老旧楼房里。推开房门，小宜妈妈把我们带进了一间"卧室"，后来小宜妈妈介绍这间两居室是他们和别人合租的，这间卧室是她们家唯一的独立空间。只看到一间本不大的房间里放着一张很大的双人床，床占据了多半空间，过道只能容一人通行。由于空间窄小，我们两位老师只能并齐站在床边。床上架着高高的围栏，小宜呆呆地躺在床上，身形瘦弱，目光呆滞，边流口水边吃手。我看到这一幕不由得心头紧了一紧。

我们和小宜妈妈聊了起来。小宜患有很严重的癫痫，而且癫痫的发作没有任何规律，没有任何前兆，一天发作一到十几次不等。作为父母，他们只能看着他这样抽啊抽，抽啊抽，等他自己缓过来。

一开始父母也带他跑了很多医院，求了各种各样的名医，试了几百种药，包括国内的、国外的，只希望有一种药能够缓解这种情况。可结果却是药开始有效，能够控制抽搐发作频率，吃了几个月以后，就没有用了。就这样他们试了又试，试了又试，只要听说有特效药，他们都会去试一试，直到现在还依然没有放弃希望。我听到这里非常难受，感受到了小宜父母的那种无力感，一次次希望破碎后的心痛。

小宜妈妈说她曾这样问过小宜爸爸："如果可以选择，你希望小宜会说话还是会走路？"小宜爸爸说："我希望他会走路，这样我就可以带他去看看这个世界，带他去和小朋友玩耍。"小宜妈妈说："我希望他会说话，能够表达自己的需要，表达自己的喜怒哀乐，听他叫我一声——妈妈。"

听到此刻我再也绷不住了，止不住的眼泪哗哗地往下流。孩子会说话会走路，这对于一个普通家庭的父母来说，是多么简单多么容易的事情啊！可对于小宜的父母来说，这无疑是上天莫大的恩赐。命运对这个家庭是如此的不公，拥有一个健康的孩子竟成这个家庭最大的奢求。

回学校后，我的内心久久无法平静……相比家长们做的来说，我能做的太少太少了。俗话说："上帝为我们关上了一扇门的同时也开启一扇窗。"有时我会想，这些孩子的窗户在哪里呢？先天重度残疾，具有严重的身心发展障碍，各项能力远低于普通同龄人。身为一名特教老师，我能为他们做些什么？我要不断学习，努力提升自己的专业理论和康复技能，只有这样才能帮助他们开启这扇窗，为孩子们送去知识，为他们的家庭送去希望！

我国融合教育专家邓猛教授曾讲过："残疾是人类多元化的特征。残疾只是残疾人作为人的特性的一部分；每个儿童都是独特的。每个儿童都有潜能。"每个孩子都有受教育的权利，每个孩子也都有学习的需求。重度残疾学生依然有可教性，仍可在自身的能力范围内获得最大限度的成长。教育的结果是双向的，我们是他们的老师，教给学生知识技能，学生也是我们的老师，教会我们爱与宽容。我相信，在特殊教育的路上一路坚守，必将迎来灿烂的明天！每一个学生都要接受教育，一个也不能少！

专题 ③ 相伴成长

教育之美好，在于相伴；教育之希望，在于成长。在学生走进我们的班级的同时，我们有幸成为他们的老师，就开启了相伴成长的路。优秀的教师，不仅是知识的传递者，是行为的解码者，更是成长的相伴者，感恩每一个学生，给了我们成长之路……

别样的融合

深圳市福田区竹香学校　袁园

小北是从普校转来的，学习能力较班级现有的孩子强，有较轻的情绪问题，较好的学习基础。只是听闻他即将到来，老师们便充满了的期待。某天，小北和父母到学校提交资料。提交资料的间隙我们见了一面，那也是我和小北的第一次见面。小北瘦瘦小小的，低着头，眼睛看向地板，时不时抬眼打量我一下，看到我在看他又迅速低下头。他迈着小步子原地踏步，脚下一直没有停过。听小北妈妈跟我讲述完小北的情况后，我向小北发起了对话："你好呀！你叫什么名字啊？""我叫小北。"小北瞥了我一眼后低下头小声地说。"你几岁啦？"我半蹲着，拉着小北的手问。小北没有回答，眼睛直直地看向桌子上的棒棒糖，那是分给班级孩子们后剩下的一根棒棒糖。

"小北，告诉老师几岁啦？"小北妈妈低头看向小北，拉了拉小北的手，小北仍然没有回答。小北妈妈看向我，不好意思地说道："孩子第一次见您，不太熟悉，所以话不多。老师，小北今年9岁。"我和小北妈妈又聊了几句，其间小北眼睛一直直直地看着桌子上剩的最后一根棒棒糖。聊天接近尾声时，我问小北："你想吃棒棒糖吗？"小北低着头小声回答："棒棒糖。"我拿起棒棒糖，半蹲着身子，看着小北说：

"我想吃棒棒糖。"小北瞥了我一眼,模仿道:"我想吃棒棒糖。"小北说完,我拉起他的手,把棒棒糖放在了他的手心。那一瞬间他的眼睛里闪过了一丝喜悦。他抬头看了看我,又迅速低下头,我冲他笑了笑。告别之后,小北和妈妈离开了教室,在教室门口,小北又看了我一眼。

得知小北和妈妈来过学校,班级教师关切地询问小北的情况,和大家简单介绍了小北的情况后,我回到办公室继续工作,等待小北正式入学。

时间在忙碌的工作中一点一点过去,很快就迎来了小北入学。小北入学前几天很乖巧,绝大部分的时间都安静地坐在自己的座位上。入学一周后的某一天上午,"哐"的一声打断了课堂教学。我在办公室听到响声后立刻到教室查看情况:小北坐在倒下的桌子后,双手交叉着放在头顶,面部表情狰狞——小北情绪爆发了。在得到上课老师的允许后我把小北带离了教室。离开教室后,小北的情绪并没有得到缓解,他用力地蹦起、落下、蹦起、落下,仿佛要把地凿穿。我站在一旁观察着小北,想从他的脸上看出情绪的变化。过了一会儿,小北停下了,他安静地坐在凳子上,和前几天一样,仿佛刚才的一切都没有发生过一样。

接下来的一节课是我的课,起初教学进展顺利,而我还是不敢放松神经,时不时看看小北是否有异样的表现。最令我担心的事情还是发生了,在我让小北说出每个同学的名字时,小北开始原地蹦起、跪下、蹦起、跪下,膝盖一下下砸在地板上,我担心小北受伤,只好让小北回到座位,点名环节作罢。可这并没有让小北暴躁的情绪得到缓解,小北在座位上重复地推倒桌子、扶起,再次推倒、扶起,为了不影响教学,我只好让生活老师将小北的座位移至墙边,让小北独自冷静。下课后,我来到小北身边,看到小北眼睛红红,眼睛里满是难过,仿佛在告诉我他也不是故意的。我摸了摸他的头，心里为没有找到帮助他的办法而难过。

从那天起，找到小北的"爆发点"成了我心中的一块石头。我开始记录小北情绪爆发的时间、前因、后果以及后续状态，使用情绪ABC理论分析小北的情绪。在此期间，我多次和家长探讨相关问题。家长反馈当孩子遇到较难或较简单的问题时会发脾气，当孩子无聊的时候也会发脾气。课间，我和班级老师探讨，老师们反映小北的情绪爆发没有太多前兆可循。得到家长和其他老师的答案后，我开始不停地在课堂上创造条件，在授课的同时观察小北的情绪变化。在经过一段时间的观察以及与家长、老师的反复探讨后，我发现小北在觉得自己面对的任务难以较好完成时会爆发情绪。

发现了小北的情绪爆发点后，我开始反思自己：我是不是太心急了？小北虽然是普校转来的孩子，很多方面的能力稍好，但也需要"融合"——融入特殊孩子群体，融入班级，融入特殊学校的生活……我思考了许久后召集班级教师交流了小北的情况，向各位教师说出了我的发现，并提出了我的建议：问题简单点，鼓励多一点，一切都再慢一点。

后来的生活语文课，我还是经常让小北点名。只是每次点名时，我都会在小北耳边小声说："这是乐乐，这是天天，这是贝贝……"每当小北正确说出一个同学的名字时，我便浮夸地表扬他："哇！小北，你也太厉害了吧！你的声音真响亮……"课堂上，我让小北参与各种游戏。小北站在黑板前，从开始的不知所措到后来的跃跃欲试，眼睛里出现一丝丝喜悦，和第一次见面他拿到棒棒糖时一样。我知道，小北在一点点"融合"，我可以尝试去引导他挑战他认为的"不可以"。在每一次游戏结束后，我都询问他："你想挑战更难一点的吗？老师相信你可以。"起初小北会退缩，躲在我身后，慢慢地他开始走向黑板，举起小手进行操作。

现在，小北会主动站在黑板侧面展示自我，虽然在老师关注时仍会因害羞而停止；课间和班级的同学们一起头挨着头挑选书架上的书；因跳绳很厉害收获同学们的夸奖后笑得眼睛弯弯。而我心中的石头也慢慢落地，成为孩子们前进路上的一块垫脚石。孩子们走在"融合"的道路上，走向前方，融入社会，偶尔有从前方走回的人，我们也愿意敞开怀抱，接纳对方。

我与特殊教育

河源市连平县仁爱学校　王秋风

　　时光回到2011年的7月，周边长辈们规劝我说，女孩子家做个老师挺好，工作稳定又有假期。而初出校园的我深知管教毛头孩子们的艰难，再也不愿回到五更起十更眠、日日埋头读写的故地。

　　面对着不够理想的高考分数，遥远不可及的理想专业，我一遍遍翻阅着高考志愿填报指南，不知所措。我偶然在专业行列中看到了特殊教育四字，心生疑惑特殊教育是什么，带着这种好奇一查才发现特殊教育是对特殊人群（包括视力、听力、语言残疾、肢体、智力、精神和综合残疾等人群）开展的教育。大概是由于生性沉默、不善言谈，我在看到聋教育那刻仿佛被什么击中，一种无须语言，心与心之间交流的美好油然而生。在与家人商量后，我的高考志愿选定特殊教育。

　　曾经的我自卑敏感，总觉处处不如人，甚至有些郁郁寡欢，在拿到大学录取通知书之后，我一边期待着全新的大学生活，一边开始担忧，害怕自己土里土气被同学笑话了去，一直生活在农村也害怕都市生活，怕自己和环境格格不入……

　　时间在这种复杂的情绪中缓缓流过，转眼到了开学的季节，在进入母校校门的那一刻，绿树红墙映入眼帘，学长学姐们热情招待引领新生报名。我的母校是全国唯一一所独立设置的、以培养特殊教育师资为主的普通高等学校，在招收健全学生的同时也大量招收残障学生。大学期间，在和残疾校友的接触交流中，我发现了他们刻苦努力、积极乐观的品质，他们认真争取每一个可能的机会，善于发现生活中的小美好。我不禁被他们的生活状态所折服，也第一次觉得影响我们情绪的是我们对事物的看法并不是事物本身，与他们相比，我幸运多了，自此以后开始有意识地自我觉察、自我改变，从多个角度看待、理解事情！

大学时光匆匆而过，如今已是迈入工作岗位的第七个年头，受身患残疾校友的启发，我一直保持着自我觉察、改变的习惯，工作以来经常需要花费大量时间为学生评估、进行行为改变，在评估改变学生时，发现自己在相关领域也有所不足，索性也给自己来个评估，从中找出弱项，开始有意识地去全方面改变，综合下来发现自己在运动方面存在体态体能、平衡协调能力欠佳的情况，便开始跟着同事练习长跑，狠下心办了健身卡，除此之外还坚持着在人际、情绪方面的自我反省与改变，以要求学生的标准要求自己，到目前为止，体态有所改善，体能有所增强，生性日益平和，也很意外地发现在自我觉知改变的过程中，能更清晰地理解学生、理解家长，在班级管理上也日益顺畅，班上学生也因此有了更大的进步，这大概就是教学相长的样子吧。

当然工作过程中也会有困难，有懈怠，有不知道怎么做的时候，每当这时我总会想起自己的大学时光：因看课外书时遇到繁体字，心血来潮发信息向古汉语出身的老师求教，没曾想老师却打来电话从音字义几个方面做了详细解释；毕业前去探望病重的老师，老师双手颤抖不止却依然在回答着学生的各种问题，还不忘嘱咐我毕业后如需帮助就随时问她；毕业后就学生语言发展的困惑只是随意在专业群里问了下，就得到老师近一小时的电话指导……这些本不在他们的日常工作范围内，他们却事无巨细地做了。这些让我在工作上遇到的难题一下子有了答案。

因为特殊教育，我遇到了真正将对学生博爱的人道主义情怀融入骨子里的灵魂之师；因为在迷茫弱小时有被照亮，所以现在更愿意照亮学生的家庭；毕业多年，比起专业知识，对我影响更多的大概是老师们对工作的态度、对学生的态度！

生命存在的方式不只有健康和喜悦，还有残疾和挣扎；教育体现的价值不只有桃李和成功，还有补偿和救赎！在特殊教育的世界里没有不可教的孺子，只有还可以辅助、还能被代替的部分，特殊教育以它独有的博爱包容拥抱着每一个有需要的人，给予每个人改变、成长、发展的机会。我也曾悄悄羡慕过别人的专业、别人的工作，殊不知在不知不觉中自己已爱上了特殊教育，到如今它已成为我生命中不可或缺的一部分，对我而言，特殊教育更是爱、是暖、是希望，是生命中的一方四月晴天！特殊教育呈现给世人的不仅是一种教育的形式，更是对生命和生活的态度。

在未来的日子里，我将在特殊教育的领域里继续自我教育，让特殊教育成为更好的特殊教育，让自己成为更好的自己！

慢慢来，比较快

深圳市宝安区星光学校　高燕玲

万物都以微小步伐静默生长。然而，无论是热闹都市还是诗意小城，总会有人急于看到事情的结果，且在等待结果的过程中表现出不耐烦的情绪。

每学期伊始，老师们都会结合本学期的个别化教育支持计划来制订所任教学科的教学计划。《我会做……》是我刚入职任教一年级生活适应学科时制订的计划当中的单元之一。通过观察与了解，我发现本班学生在叠衣服和整理衣柜方面的动手操作能力有待提高，因此设计了"巧手宝贝，快乐叠衣""居家能手，整理衣柜"等教学活动，希望他们在校学习后也能多多参与家庭劳动，提高生活适应能力。

对于普通孩子来说，叠衣服的技能根本不需要刻意学习，通过在日常生活中观察、模仿即可掌握。基于这样的想法，我计划利用两个课时来完成叠衣服技能的教学。然而，当第一节课结束时，原本设计的教学内容仅进行了一部分，且学生的学习效果不好，会叠的学生一开始就会，不会叠的学生依旧不会。强忍心中的"不甘"与"不解"，我回到办公室，静坐反思自己的教学设计。为什么即使一直在强调常规而学生的注意力却没有集中在课堂上？是我的设计太难了吗？还是我设计的课程没有亮点导致学生不愿意配合呢？……一连串的疑惑，让我倍感无助。

于是，我特别邀请了一位经验丰富的老教师进班听课指导。课后，这位老教师告诉我："对于这些孩子，不要着急，一节课能学会一个小步骤就是大收获，而且在孩子进步一点点时，一定要及时给予强化鼓励。一项完整技能的习得需要分解成很多个课时来进行，如你今天教的叠衣服，第一步是'对齐门襟'，倘若这个环节没有掌握好，就一节课重复训练，让其形成动作记忆，一定要慢慢来。课堂表述也要通俗易懂，切忌抽象复杂，应以孩子的角度去体会他们的内心世界。"一番话下来，我顿觉豁然开朗。是啊！他们是特殊孩子，认知能力本就慢于普通孩子。普通孩子的学习尚且需要一个过程，更何况于他们呢！这一节课结束时，我确实感觉到上课效果较第一次好了一点点。虽然教学任务仍然没有完成，但学生总算能够跟上我的节奏。他们如此努力地配合我，我应该感到欣慰，应该在他们有点滴进步的时候及时给予表扬和鼓励。

此番深刻反思之后，我重新调整了教学设计，遵循小步子原则，运用工作分析法精确分解叠衣服的方法与步骤，并将其编制成朗朗上口的顺口溜——"衣服宝宝要睡觉，对齐门襟关关好，两手胸前抱一抱，弯腰看看就叠好"，利用四个课时完成了教学任务。学生也以自己的坚持与热爱，从初始的"不知所云"到中途的"懵懵懂懂"，再到后来的"融会贯通"，完全掌握了叠衣服这项技能。学生成长了，老师又何尝不是呢？

特教很难，需要怀揣勇气；特教很美，乐趣就藏在日常的细碎生活里，师生之间相互启迪。这既是一种清醒，又是一种信心。慢慢来，比较快。让我们勤审视，善思考，多一点耐心，多一些从容，给孩子们成长的时间，保持一颗最为平常的付出之心，在不经意间捕捉他们的最美画面。只要每天能够进步一点点，这就是教育的价值所在！

教育小记——测核酸

深圳市福田区竹香学校　曾子豪

"曾老师,听说辰开学前要测核酸,怎么办啊,社区上门做核酸的几个人按着他做都做不了啊。"

怎么办?为做好返校后的疫情防控工作,开学前一周学生都要每日一检,部分普通孩子做核酸都很麻烦,特殊儿童做核酸更不容易,那还能咋办,且行且看。

DAY 1

排队:风平浪静　　内心:胆战心惊　　行动:沉重

"辰,一会儿我们做核酸啦,不痛的,要张嘴啊!"

……

教师开启碎碎念模式,尝试给孩子"洗脑",可辰依然不为所动,一阵无言,虽顺着人流平静地排着队,眼睛却已忍不住斜视瞥向核酸处,眼睛微微一眯,大事不妙。下一个,轮到辰。

突然间,如同"困兽之斗",辰竭尽全力往后挣脱,试图远离核酸现场,女老师一把就被甩开,抓不住,金老师和我立刻如左右护法,一人一边制止辰往后退,陈校也闻风而动,立刻过来安慰,在"温柔"的压制下,辰成功地被按坐在桌前,可也真如辰妈所说,辰已经上百斤了，以全身力气与核酸检测人员抗衡，差点弄成人仰桌翻的局面，但他依然紧咬牙关，我只好用他妈妈的绝招——按住鼻子。谢天谢地，采样成功。

回到教室，我开始反省，如此强迫孩子做核酸到底行不行？在抗疫的一个月里，没少和孩子打交道，他们对于测核酸基本分为两种反应，一是兴高采烈抢第一，二是哭哭啼啼求轻点。前者做完核酸得到夸奖，后者还没做核酸就被教训，很明显，孩子害怕做核酸这事不仅是因为生理的不适，更是害怕被教训，语言的"恐吓"和行动的"压制"成了孩子负面情绪的主要来源，今天是我第一次强迫辰做核酸，也一定是最后一次。我立刻改变观念，开始行动，怎么办？顺毛㧑，开始脱敏。

与医护借了跟棉棒，回到教室就开始和辰演练。

"辰，我们先张嘴，啊——"

"没事啊，就让老师看看你的牙齿。"

"那老师就轻轻地碰一下。"

……

这次换成我来，辰倒是不后退了，可依然牙关紧闭，不为所动。我只好出大招——拿出一大包薯片，辰眼睛瞬间放光，终于开口了。这次，在薯片的魅力下，他成功接受，微微张开了口。为了减少他的害怕与不适，我先让他自己咬，咬完左边换右边，他愿意让我给他"测核酸"了，虽只是浅浅一试，但也是突破！继续进行，乘胜追击，拿着薯片去看戏。

我带着辰拿着一大包薯片走到了核酸现场，至今为止，辰也还没吃上薯片，只是拿着，望梅止渴。可是一靠近核酸现场他又开始发怵了，身体僵直，不愿意再往前。

"我们做过核酸啦，我们就来看看姐姐怎么给大家做核酸。"

"再近一点嘛，我们就站在这里。"

"没人啦，我们坐下来休息休息吧！"

……

"那把薯片拿给姐姐，让她帮你打开吧！"

终于，辰自己主动坐在核酸的椅子上，第一天，目标达成。

DAY 2

排队：寸步难行　　内心：有苦难言　　行动：激烈

"辰，昨天不是做过了吗？怎么不记得姐姐啦？快去排队！"

……

通往成功的道路果然是曲折的。昨天辰能自己坐下了，今天却连排队都不愿意，我只好提前牺牲了几片薯片才让辰愿意走到现场开始排队。战术调整，今天先不急做，我们继续看戏。

我们开始打持久战，中间尝试"进击"好几次都以失败告终，只能等到全校师生都做完了，再进行最后的总攻。薯片的继续牺牲、语言的不停鼓励都没有用，时间也在持续消耗着，最终结果仍是拒绝！辰不愿坐下，只能保持距离站着，最后由我帮他完成了采样。

目标失败。

DAY 3

排队：雷打不动　　内心：屹立不倒　　行动：无

时间又来到了周一，继上周五的失败后，又过了一周末，今天的目标不敢定太高，还是先让辰愿意坐下来吧。测核酸之前，我们先在教室里演练演练。我拿着棉棒完成了双边的采样，进展非常顺利，我准备回归主战场。

"辰，往前走啊！"

"我们就去看看！"

……

持久战又开始了，这次一直到最后，准备收档了，辰依旧不为所动。熬，继续熬，我带着他在旁边一直和医护聊天，医护一直很热心地鼓励、夸奖辰，可辰仍然一点回应都没有，在我们都放弃后，医护开始脱防护服了，这时转机发生了！医护脱下防护服后，辰真正放下了警惕，我赶紧拿出个糖果，让辰拿去给姐姐分享，这次他没再犹豫，立刻坐在了桌前。终于啊，辰愿意坐下了，说完谢谢后，我就准备带他离开。

"走呀，怎么不走啦？"辰指了指自己的嘴巴，"啊~"，原来如此！辰觉得自己今天还没做核酸，看到医护"真容"后，终于卸下防备，愿意主动做核酸啦！

目标超额完成。

DAY 4

排队：乖巧可爱　　　内心：有点犹豫　　　行动：随大流

"哇，辰今天排队好棒啊！"

"哇，是昨天的姐姐啊！"

"哇，辰今天好勇敢！"

"辰，轮到你啦，去吧！"

……

"那我们让其他同学先，你下一个好不好？"

终于，在等待了四个同学之后，在半推半就中，辰自己勇敢地坐了下来，老师们甚至有点不敢相信，辰第一次相当顺利地主动配合完成了核酸，我们立刻开启疯狂夸奖模式，并在回到教室后，给他欣赏他做核酸的视频，并奖励他一颗甜甜的糖果，辰开始嘚瑟地给老师们表演"啊~"。

目标顺利达成。

DAY 5

排队：一马当先　　内心：有点期待　　行动：激动

"辰，慢点，要排队。"

"你在后面，别急。"

每日一检的最后一天，辰这次排队一直往前走，都迫不及待要抢凳子测核酸了，坐下来后，一气呵成，摘口罩、张嘴。我们继续夸夸夸，继续让辰欣赏视频，可把他美得不行。

目标圆满完成。

未来仍有更多挑战，需要泛化，也许反复，可有没有绝对行之有效的方法呢？投入时间，保持耐心，勤于思考，尊重孩子，用心聆听，说起来没啥营养，但谁能说这不是万能钥匙呢？

特殊教育 情与思

为爱同行　与梦齐飞

深圳元平特殊教育学校　罗琴

十多年前一个偶然的机会，我从普校来到深圳元平特殊教育学校从事特殊教育工作。当时没有特殊教育专业背景的支撑，面对教育教学中所遇到的困难和问题，每一天我都经历着巨大的挑战，常常感到不知所措。我也曾犹豫彷徨，但最终没有放弃，一直坚守在培智班主任的教育阵地上。

通过与这些特殊孩子的朝夕相处，我逐渐发现了他们的可爱之处。虽然他们看似"迟钝"，但其实他们身上都会有各自的闪光点；虽然他们的行为有时看起来可能有一点"怪异"，但他们的感情却特别地纯粹；虽然他们有时会给身边的人带来一些困扰，但他们的内心却非常渴望获得成功。每当看到他们那一双双清澈明亮的眼眸，我知道在他们的心中一定也有想要诉说的故事，也一定有想要实现的梦想。而我们所能做的就是用爱和专业来给予他们足够的支持。

心理学中著名的瓦拉赫效应警示我们，儿童的智能发展是不平衡的，具有强点和弱点。一旦找到最佳点并充分扩展，就可获得惊人的效果。及时发现孩子的亮点，鼓励孩子发挥自己的优势，并给予肯定，他便可以通过自己的优势促进其他方面的进步。

我们班小雨同学刚来学校时的状况不佳。劳动课上小雨叠毛巾必须卷成一长条，如果想让小雨叠成方块，他就非得跟人打起来不可。他母亲也很头疼，说小雨思维刻板，还经常在公众场合发脾气。

有一次我无意之中在班上问大家："谁知道音乐老师把音乐书放哪了？"小雨默不作声地冲上来，轻而易举地找到了音乐书。我发现这孩子的记忆力不错，于是联系棋艺社团的赖老师教小雨学棋。由于进入棋艺班比较晚，基础相对薄弱，小雨一开始下棋老是输给社团里面别的学员。每次输棋小雨都会表现得特别焦躁，所以每到要去学棋的时间，小雨都表现得闷闷不乐，需要我做很久的思想工作才会心不甘情不愿地去上课。

我实在不愿意看到小雨半途而废，而且相信他在棋艺方面是能有所发展的。于是我在课间找小雨下棋，故意输给他。他看到自己能打败我，高兴得手舞足蹈，对于下棋这个活动也越来越有成就感。就这样过了一段时间，有一天，我发现小雨竟然用下课休息的时间主动研究棋局。不出所料，我很快就完全不是他的对手了！

经过多次历练，小雨进步神速，在与普校健全孩子的棋艺比赛中屡屡夺冠。他母亲第一次听到我说小雨夺冠的消息时，惊讶的表情至今令我难忘。当时她再三确认后激动得一个字都说不出来，只是含泪拉着我的手说："谢谢老师，没有你们就没有小雨的今天！"。

除了棋艺，学校还有着非常丰富的社团资源。小雨通过社团等活动的熏陶，他在声乐、主持、书画、编程等方面的特长也逐渐显露出来。不知不觉，他变得越来越开朗，不仅学习表现突出，还成为老师和家长的好帮手。最近，小雨还获得了"特区模范少年"的光荣称号。

小雨心怀感恩，最大的梦想是希望将来能考上大学，做一个对社会有贡献的人。如果上不了大学，他希望自己能做一名厨师，有一份自己的工作，能够孝顺父母。

孩子们的梦想很简单，也很踏实。他们潜能无限，给予了我们教师不断发现和探索的机会。他们同样是我们的未来，也是祖国的明天。

当我成为一名特殊教育教师

深圳市南山区龙苑学校 吴嘉丽

为师,是一种选择,选择当老师就选择了责任,就要尽到教书育人、立德树人的责任,并把这种责任体现到平凡、普通、细微的教学管理中。不管前路是坦途还是坎坷,不论学生是普通还是特殊,也不看结果是成功还是失败。

我的为师之路,有不安、有忐忑、有喜悦、有忧愁、有自豪、有无奈。还记得我接手第一个自闭症个案的时候,我精心布置教学环境,打磨自己的教学设计,准备教学材料,但是当我真正开展我的干预工作时,我才发现了自己的不足,我虽然学习了专业的理论知识,但是对于中重度的自闭症儿童的问题行为却手足无措,很长一段时间里我都在自我怀疑,否定自我的选择;后来在导师的帮助下,我进行了高强度的早期密集干预的培训,那一年的时光历历在目:观课、实践、反思、磨课、继续新一轮准备,每天几乎14小时的工作曾让我一度高频率地流鼻血,但是这一段时光淬炼了我的身心,让我越发坚定从容。

当我结束培训正式站在讲台成为一名老师时,我不再忐忑不安,不再焦虑无措,不再迷茫无知,在一路实践的时光中,我慢慢理解了一名特教教师的责任,我渐渐懂得了特教教师的使命,也越发坚定了自己成为一名特教教师的决心。从毕业到现在，我已经在特教路上前行了三年，这一路，我曾面对着来自学生的撕咬、拳头、愤怒的嘶吼、委屈的泪水，但我也收获了学生成功的喜悦、被理解的欢笑、真诚的夸奖。当学生来到学校的那一刻，我们便充满担忧，上课的时候也会伴随着无奈，但是我们总会抱着希望，保有初心，我们一直相信，他们也能成功，也能进步，也能够在某一天为社会贡献自己的力量，这是我们教师的使命，是我们作为一名教师的责任。

虽然我成为一名教师的时间刚踏入第三年，但是我用二十多年的时光努力做好一个人。抛开职业的角色，德是人的立身之本。在一路的成长过程中，我碰到过很多困难，也遇到过人间的温暖，这一路上我的父母、亲人，我的朋友、导师教会了我与困难较量的方法，给予我跟困难斗争的力量，我的过往造就了今天的我，每一步的前行因为这些力量而越发坚定，每一寸的"心房"因这些力量而越发坚强。而成为教师的我也想将这种力量传递给学生，帮我的学生扣好人生的第一粒扣子，走好人生的路。

"扎实的知识功底，过硬的教学能力、勤勉的教学态度、科学的教学方法是老师的基本 素质"。如果一个教师学识浅薄、视野狭窄、储备不足，教学必然捉襟见肘难以游刃有余。扎实的学识是教师的教学之本，"为了使学生获得一点知识的亮光，教师应该吸进整个光的海洋。"我们要具有自觉的学习意识，开展通识学习以拓宽广度，开展透彻学习以开掘深度，开展渐进学习以延展长度。

在成为一名新手教师时，我既要开展教育教学工作，也要进行班级管理和家长沟通合作，多项事务同时向我袭来的时候我焦虑不安、手足无措，庆幸身边有经验丰富的师傅给了我非常宝贵的经验，让我能复盘反思，继续向前。在这几年的工作中，我发现要时刻提醒自己在问题意识的指导下开展工作，着重对自身的实践进行研究，以教师为主体，以一节课的教学为研究对象，以研究成果来解决课程教学实践中的问题。我们要把学生的学习状况和学生如何学习联系在一起，我们不能理所当然地认为学生"应该会这样"，我们需要的是为学生提供一种高尚、本真、丰厚、灵动的教育场景。教师的学习是立足于实践的，是理论联系实际的，是以解决学生会遇到的问题为基础的，是人本的，是流动的，是具备教育性的，是能够让学生感受并创造从容充实的生命历程的，更是双生双赢，能够让教师追寻教书育人、立德树人的诗与远方的！

即使一个教师具备了灵动的教学智慧、切合的教学内容与教学设计、灵活的教学调控能力等，如果我们的教育教学只是将知识搬进来而失去了人本性与教育性，没有将德育立身于教学之中，这样的教学只是外强中干的教学，无法影响深远。

我在从事特教的道路上听到有人问，特殊孩子掌握知识都有难度，再把德育渗透在知识中他们能学会吗？我想邓小平同志的"实践是检验真理的唯一标准"能够回答这一个问题。在教学的道路上，我们要有质疑的精神，我们更需要实践实干的魄力。在工作的几年时间里，我发现即使是患极重度障碍的孩子都具备学习的能力，也能够感知并回应老师的爱。在我工作的第二年，我遇到了一位智力只有20的小男孩，虽然已经7岁了，但是个子和中班小孩一样高，他除了智力障碍还兼有言语障碍、脑瘫和癫痫，日常的生活自理都需要很多的辅助，心脏和肠道接受了多次的手术，即使是这样的小男孩，他每天来到学校都给每一个与他打招呼的老师一个笑呵呵的回应，我们使用行为塑造的方法让他在一个学期学会了自己穿裤子、自己喝水，在这个过程中我们还发现班级里的一个患有自闭症的学生每次课下都会学习老师的模样，主动帮这位小男孩接水递到他面前。在那一刻我们深刻地理解了，"教育是一棵树摇动另一棵树，一朵云推动另一朵云，一个灵魂唤醒另一个灵魂。"以德施教，不仅是教师对学生的教，更是一种大同的教，生生之间、特殊学生之间也能美美与共！德，不仅具有教育性和人本性，它还具备更宽广的内涵：尊重、关怀、鼓励、理解、宽容、修正，这是德的深刻内涵。

  以德施教，我们要坚持育人为本的原则，以至真至爱的教育情怀，彰显育人的价值，我们不仅要授业解惑，更要传道；我们不仅要让学生拥有完满的学习过程，更要让学生体验完满的成人过程——成长为人，成长为有品格、品行、品位的"人"！

坚守使命，保持初心

深圳市第二特殊教育学校　禤姝颖

为人师，是一支粉笔，两手尘灰，扶稳三尺讲台；为人师，是一颗真心，两袖清风，耕耘数载光阴。教书育人是使命，以爱传情是初心。特教路上，不会是鲜花满路，但是会有学生真切的问候，让你仍能坚定使命，保持初心。

每一个孩子都是一朵含苞待放的绚丽之花。但并不是每一朵花都能如期盛开，它们的美丽被荆棘遮挡，静静地藏在无人问津的角落……

2021年的9月，我第一次正式踏上教师岗位成为一名真正的特殊教育教师。尽管在大学学习的日子里有过无数次的实践，有过多次的见习实习经历，但是身份的转变还是让我紧张不已。小阳是我在校门口迎接进校的第一名学生，也是我第一次独自面对的学生。他个头很高，有着大大的眼睛，脸颊涨得通红，手无措地摸索着，我想，他应该和我一样也是充满紧张、充满期待。他有着独有的乐观，在这样陌生的环境下，很快便适应了，开始与周围的同学交谈，开始尝试与其他老师们交流。"原来，这个孩子的能力很好"，看着充满微笑的他，我对未来的教学浮想联翩。

可现实是残酷的。第一次的语文课生字书写，小阳的表现让我彻底打消了那些无谓的联想。独立书写——有困难，独立朗读——有困难，拼读拼音——有困难，原来随班就读的学生们也并没有我想象中那样能力优越。经过一轮测评，小阳需要补习的内容如山一般立在了我的眼前。"没关系，确立了目标那就一点点地补！"我暗自想，只要努力，肯定能使他进步。但就在我信心百倍准备"大干一场"时，学生的反应给了我当头一棒——"我不行，我不会，我做不到。"长时间以来的教学无视和过度帮助使得小阳一遇到问题就会产生畏惧情绪，习惯性地以"我不会"来回避尝试。这样的小阳，让我一时间不知如何入手。如何帮助他跟上课程内容，如何帮助他提升落下的能力，如何帮他找到"丧失"的信心，一连串的问题开始出现在我的脑海，我却迟迟想不出答案。

"你太着急了！"其他老师的一句提醒如同明灯照亮了我黑暗的前路——是啊，问题是很多，想要做的也很多，但是作为一名特殊学生，他是否能够一下子吸收这么多，而我想要他学习的又有多少是对他未来真正有用的？调整好心态，我重新整理了小阳在一轮评测中的结果，并利用晚自习以及教学时间对小阳进行观察，重新梳理并确定小阳的最近发展区。同时，我通过与其他教师交流、探讨，尝试寻找他最需要发展的方向并为其设定了月目标、学期目标。在接下来的每一次语文课堂上，我都会准备一个问题让小阳上讲台回答；每一次的语文作业，我都会为他制定特别的内容，让他能够通过反复的练习将名字完整、正确地书写下来。一天、两天、三天……无数个日夜翻过，如今的小阳已经从原本的不愿意表现到现在尽管他还是可能无法做出正确的回答但愿意尝试回答提问，能够在老师的鼓励下上讲台展示自己；如今的小阳已经能够正确书写自己的名字，并且从原来的描摹都会描错、描漏到现在能够完整地写出生字，他的进步让我每每翻阅作业本都会不由自主地乐出声。

作为一名特教专业出身的特殊教育教师，在真正面对学生时还是露了怯。什么都想做，什么都想教，这样一个"以自我为中心"的误区在一段时间里一直困扰着我——学习时常说，"以生为本"，但真正行动起来就变成了"这个应该对他有用吧，这个是不是也需要补一补"。教书育人，教的是书本知识，育的是学生，真正地脚踏实地，那所有的一切才是实际。

在教导小阳的过程中，特殊教育教师所要具备的爱的初心，是我一直有所感悟的。一遍遍地重复，不厌其烦地教导，在引导学生成长的路上充满艰辛和不易。能够举手回答问题这样一件看起来简单的小事就需要教师每堂课重复地提问，不停地引导；从描摹一个横线到描摹一个字、一个词，从名字都不会写到能简单地写一篇短文，从学生连连摆手的自我否定到每次活动都愿意主动参与的自我肯定，我心中充满感动、欣慰和自豪。尽管没有人知道这成功的背后是多少个日日夜夜的伏案。被我改变的不只是一个学生，可能是一个家庭。特殊教育教师是慷慨的、无私的、宽容的，因为我们知道粉笔画出的会是彩虹，黑板排列的会是人生，教室里放飞的将是未来。

特教路上的每个脚印都是参差不齐、深浅不一的，但每个脚印里都倾注了我们满腔的爱心和辛勤的汗水。所以，不管我们行至何处，都不能忘记当时立志成为一名优秀特殊教育教师的初心；不能忘记在看到孩子时的那份动容，看到家长渴望时的那份悸动；不能忘记来时的路，忘记爱的初衷。示以美好，授以希望，默默无闻，润物无声，这就是特殊教育教师的坚持。

"用爱播洒希望，用心诠释教育"，特殊教育教师当以情动人，以行带人，以智教人，以德育人，以满怀希望守初心，坚定信念践使命，方不负韶华。

大手拉小手,我们一起向前走

深圳市大鹏新区第二小学　王燕玲

北京的万平老师说,"教育"是教师与学生"零距离、多角度、全方位"的生命互动;我们唤醒心灵,我们期待成长,我们引导生活,我们创造可能,我们弥补缺失,我们给予力量,我们成全孩子……成就自己!

"呜呜……你们都不爱我了……你们都讨厌我,呜呜……"一名11岁的女孩蜷缩在学校会议室的椅子上哭喊。原本放在会议桌上的铅笔及饮用水已经被丢到某个角落,椅子也被推得东倒西歪,地上洒落着几片不规则的小纸片……小怡,一位精神障碍类(自闭症)二级儿童,根据国家融合教育政策,目前在某小学随班就读。

第一次见到小怡是家访的时候,当时我和小怡的父母正在庭院坐着聊及小怡之前的成长史与教育史。小怡扎着一个马尾从屋里走出,可能因为刚睡醒,她睡眼蒙眬地在父母的提示下与我问好,然后匆忙离开。

第二次见到小怡,是在某学校的资源教室,当时小怡穿着学校的校服,背着一个粉色的书包,马尾被扎得很有范。为了拉近和她的距离,我问小怡:"是谁帮你扎出这么漂亮的马尾的?"她回答说:"是啊。"我再问她:"哇,你的书包是粉色的,真漂亮,是爸爸买的还是妈妈买的？"小怡笑脸灿烂地回答，"是啊"。

第三次见小怡是在她所在的随班就读学校。经过家长访谈、教师访谈及课堂观察，我准备给小怡开展注意力训练及学业补偿个训课。见到我，小怡很开心地与我打招呼："老师好"，然后跟着我进入学校安排的个训课室（学校会议室）。进到会议室，小怡很好奇，把会议桌上的物品拿起来研究了一下，接着在椅子上坐下来摸了摸靠背，又站起来走到窗前看了看……我没有说话，知道她在探索。过了一会儿，她按照我的要求坐在一个位置上，开始了我们的第一节个训课。注意力训练课还是很有意思的，小怡在我的提示下，很快就进入了状态。30分钟后，第一节注意力训练课程顺利结束。我让小怡休息一下，并开始准备第二节的个训教具，同时心里在暗暗窃喜：今天的课程开展得比较顺利。忽然，听到"砰"的一声，我抬头一看，小怡正拿着会议桌上的饮用水一瓶瓶地往地上砸，很快桌上的铅笔也被她奋力丢到一个角落。"小怡，你怎么了？""我们不能随意丢东西，来，和老师一起把东西捡起来。""不要，我不要，我不喜欢这里，你们都不喜欢我了……"

小怡拿起会议桌上放着的草纸撕扯起来。"你怎么了？是不是累了？要不，老师陪你玩游戏，好不好？""不要不要，呜呜……你们都讨厌我，都不喜欢我了，呜呜……"看着情绪激动的小怡，我既心疼又倍感无奈……

回到办公室，我开始反思，从个训课的环境布置再到课程设置，再回想第二次在某校的资源教室与小怡见面的场景。经过对比，我发现了小怡发脾气的根源。个训课的环境很重要，一个舒适、温馨、充满安全感的环境，可以让孩子感受到来自各方的关爱。无疑，小怡的内心情感是很敏感且细腻的。当时，小怡随班就读的所在学校条件有限，所以是临时找的一个闲置的地方上的个训课。为了避免相同的事件再次发生，我将小怡的课程授课地点全部定在了某学校资源教室。资源教室里粉色的装潢，长势茂盛的植物，丰富的教学用具，无不能给小怡带来欣喜。

为了让小怡学会恰当地表达情绪情感，我给她开设了《社会交往》课程，同时用绘本作为辅助。经过两个多月的个训，我在小怡的脸上看到了"灿烂"这个词语的诠释；小怡对自身情绪的表达也有了新的进展，她懂得生气时丢东西是不恰当的行为；她知道上课不能随意站起来或走动，有问题要举手；她知道想看书、想玩玩具要礼貌地请示老师；她知道不能抢同学的东西，想玩要对同学说"请"字……

夜深人静时，我时常会想：万平老师将"做温暖教育的践行者"作为自己一生的教育理念，那我的教育理念是什么呢？每每想到这，耳旁不禁回响起那一声声童稚的问候；浮现出那一个个站在庭院前、门前、楼道前向我挥手告别，久久不愿离去的家长的身影及那泪眼婆娑的脸庞……我想，我的理念或许就是多做一点点，给他们增添一点点可能吧。以自己的努力，使我的每一个特殊需要学生都获得益处，并能对他的一生产生积极的影响。

下 篇

思行悟道

陶行知先生曾说过:"要想学生好学,必须先生好学。惟有学而不厌的先生才能教出学而不厌的学生。"教师好学体现在对教育的思考与探索,对自身专业的不断深耕与提升上。时代的进步和发展,带来教育教学中一个接一个的新思考,其实就是一个持续实践、知行合一的过程。

特殊教育教师面对多样化的个体,时常面临不同的挑战,因此需要更多的反思和尝试,才能有更多的"教学相长"。此篇中的论文,正是特殊教育工作者从自身的教育工作出发,从日常平凡的工作中着手,在课堂教学的点滴中汇聚,通过展示不同的教育观念、教学方法、学习方式和教育管理理念,体现出教育的艺术——不仅是传授,更多的是激励和成长。感恩教育路上遇见的每一名学生,因为有他们,才能有教育者的不竭思考、不停前行和不断感悟。

专题 ❶ 精彩课堂

讲 台是教师的舞台,好的课堂让师生共同精彩。特殊教育的课堂,常伴随着预期之外的惊喜与思考,工作室的教师们,常用别出心裁的设计与巧思,让不同的课堂具有别样的精彩!

巧用"思维导图"架设智力障碍学生说与写的桥梁

深圳元平特殊教育学校　罗琴

一、智力障碍学生写作教学的现状

《培智学校义务教育课程标准（2016年版）》中生活语文"写话与写作"领域的目标是"具有初步的写话和习作能力，能根据表达需要写一句话或几句话……初步养成用文字记录生活信息的习惯。"而在智力障碍学生的写作教学中发现，智力障碍学生比健全学生更加畏惧写作文。他们写作文的困难大致可以归纳成三类：写不出来、写不清楚、写不了几句话。语言是思维的工具和交际的手段，说话与写作是语言思维的高级表现形式。智力障碍学生的语言发展与健全学生一致，但是由于大脑损伤或大脑功能有缺陷，其往往语言发育迟缓，有着词汇贫乏、语法简单、表达不清等语言障碍。重度智力障碍学生吐字不清，要把句子完整连贯地说出来是一件非常不容易的事情；轻、中度智力障碍学生的句法能力发展较好，但认知水平和交际经验不足，观察事物往往停留在印象和轮廓的层面上。有的学生虽然爱说话，能就一个话题反反复复地说上老半天，在与老师、同学、家人的交流中也能较清晰地表达出自己的意愿，但在写作时还是半天写不出几个字，在使用复句的过程中经常出现语序混乱、随意添加或减少句子成分的表达障碍。那么如何在不同智力障碍程度学生的语言学习特点中找到共性，将他们的"隐性思维"显性化，促进他们的发散思维和逻辑思考，让写作教学的方法和过程有趣而高效呢？我想到了借助于思维导图为智智力障碍学生搭建说话和写作的桥梁。

二、思维导图在智力障碍学生写作教学中的应用价值

思维导图又叫心智导图，是表达发散性思维的有效图形思维工具。思维导图运用图文并重的技巧，把各级主题的关系用相互隶属与相关的层级图表现出来，把主题关键词与图像、颜色等建立记忆连接。结合已有研究发现，思维导图在智力障碍学生阅读和写作中有很好的应用价值。

（一）拓展思维

教师通过思维导图可以有效地引导智力障碍学生拓展思路，寻找更多写作的角度和素材，避免出现"想不出有什么可写的""千篇一律"等常见困难；锻炼学生的逻辑能力，思维导图中各要素有主次远近之分，在写作中学生就能分清主次关系，使内容有轻有重，避免出现记流水账的问题。

（二）整理结构

将无序的素材编成合理的作文提纲，避免出现"颠三倒四""写了开头，写不出结尾""啰啰唆唆写了一堆与主题没关系的内容"等常见问题。

（三）有趣高效

绘制思维导图轻松又愉快，学习过程丰富有趣，智力障碍学生不会疲劳，能让不愿意写作文、看到作文就恐慌的学生快速动笔。它不要求

学生一拿起笔就写，而是先让学生动手画起来，写作思路就会渐渐变得清晰起来。

（四）图文转换

应用思维导图辅助学生写作是一个自然的图文转换过程。智力障碍学生较直观的思维特点决定了他们对事物的理解、记忆和想象需要用大量的图像做媒介。而思维导图使作文思路可视化，让学生按图索骥，"看着"自己的思路去说话和写作，写作变得水到渠成。

于是，我就以此为契机，结合培智生活语文校本教材和智力障碍学生的思维特点，基于还处于习作起步阶段的智力障碍学生的写作水平，采用"思维导图"这一个性化的写作教学形式，指导智力障碍学生进行生活类、记叙类、想象类习作的创作。没想到，原本只是一种作业形式上的创新之举，却收到了不同形式的惊喜。学生的作品在板报、班级微信群等平台得到了众多点赞。不仅如此，更激起了智力障碍学生的创作热情。

三、巧用思维导图开展智力障碍学生的写作教学

（一）搜集素材

在智力障碍学生的写作教学中，我发现许多素材偏离学生的生活实际，无法引起学生的共鸣，难以激发学生的兴趣。写作素材应贴近学生实际，源于生活。生活中的照片是学生熟悉和感兴趣的，也是激发学生说写兴趣的有效素材。结合培智生活语文校本教材，收集与学生密切相关的人物照片、环境照片、校园活动照、旅游风景照……学生亲眼看见或亲身经历过，才会有更强烈的表达欲望。

以我校生活语文校本教材六年级第一册第三单元主题《美食场所》为例，教师先给学生布置一个课后任务，去美食场所吃一次美食并拍1~3张照片发给老师。之后教师将每个学生的照片收集、整理到课件

中，为上课与学生一起回忆事件和制作思维导图做准备。

（二）绘制导图

绘制思维导图是一个在大脑中启动发散思维，并将思路快速记录下来的过程。它的绘制过程就像美术课一样有趣。学生只需要将脑袋里的画面变成纸上生动的图画，动动手上的彩笔，就能用自己的方式描绘完成一张思维导图。那么如何有效引导学生绘制出思维导图呢？我将从如下几个方面进行说明。

1. 确定主题

确定主题，并将主题写在一张空白纸的正中央。以主题为中心，多角度地寻找并延伸写作内容，并提炼出关键词。

2. 形成"扩张源"

从"中心"向外扩张，主要分支一般写5个左右的关键词。先连接中心图像和主要分支，再连接主要分支和二级分支，接着连接二级分支和三级分支，最后形成一棵茁壮生长的"大树"，学生会很容易地理解、记忆和想象。

3. 使用"图形法"

在绘制思维导图时可以使用颜色、图案等多种表现方式，这能让学生的大脑保持兴奋，为创造性思维增添能量，使思维导图更生动形象、便于记忆，更能激发智力障碍学生的语言思维。

4. 因材施教

根据学生智力障碍程度的不同，教师可选择使用较多或较少的提示引导学生绘制思维导图。思维导图中的文字部分也可以用图画代替。面对轻、中度智力障碍的学生，教师可先跟学生一起讨论主题，先确定写景状物还是叙事，再按不同类型文章的写作要素确定关键词，接下来让学生自己一级级地绘制出分支，将要表达的内容简要地写或画在相应的枝条上，形成思维导图；面对重度智力障碍的学生，教师可提前用课件绘制好部分思维导图，引导学生将图片或关键词拖入框中补充完整，或引导有绘画能力的重度智力障碍学生在框中画出图画，再逐步让学生理解思维导图的"中心"到各分支信息之间的关系及表达顺序。

（三）看导图说话

思维导图绘制完成后，教师需引导智力障碍学生按一定的顺序观察、介绍自己绘制的思维导图，为接下来的写作提供思路。教师在指导学生看思维导图说话时需注意以下问题。

1. 耐心等待

看图说话环节一定要给学生留足时间，鼓励每个学生都能大胆表达自我，说出自己心中想说的话。

2. 形式多样

活动形式尽可能多样化，可采用个别学生在全班说或同桌之间相互说等形式。教师指导每一个学生介绍完自己的思维导图后，再让每个学生自由地说一遍，使学生的表达更流畅。

3. 及时肯定

虽然学生的口头表达能力参差不齐，但只要学生敢于表达，能把话说清楚，把思维导图的内容完整地表达出来，就要对学生的表现及时给予肯定。

4. 丰富语言

在学生初步较完整、流畅地介绍完思维导图的基础上，可进一步指导学生在适当的地方加入一些学过的优美词句，让口头语言表达能力不断提升。

（四）写作创意

在学生学会按一定顺序观察思维导图并说出其内容的基础上，需要有意训练学生从看导图说话过渡到看导图写作文。引导学生一边观察思维导图，一边为每一个要素写一句话，然后像拼装乐高玩具一样把它们有序地组合在一起。一步一步来，写作文就会像做游戏一样简单。教师在指导学生进行创意写作时，会用到前面看导图说话的几个教学要领，同时需要注意以下几个方面。

1. 标点的用法

在写作教学中，教师应指导学生正确使用常用的标点符号。教师可借助平时的游戏和朗诵练习，让学生在实际应用中逐渐掌握标点的形态和用法。

2. 书面语的使用

教师在平时的教学中需有意识地跟学生渗透一些书面语的知识。虽然书面语是在口语的基础上形成并发展起来的，但书面语比口语规范、连贯。教师带领学生一起对写好的作文进行斟酌、加工、反复修改，使学生逐渐形成"文学语言"。

3. 语音转文字

针对写字有困难的学生，教师可以使用手机的语音功能，先将学生的口头语言表达用语音的形式记录下来，再用APP将语音转换成文字，指导学生反复修改后根据学生意愿可将文章发表在班级日志里进行共享。

4. 及时反馈

教师通过多种平台展示学生的作文，并对写得有创意、有进步的学生给予肯定，鼓励其创新思维，增强他们今后更好地写作的信心。尤其是对于中重度智力障碍学生，哪怕只有一点闪光处，教师也应给予其表扬，让其找到写作的成就感，为其主动走上写作的广阔道路打下基础。

四、结束语

巧妙地运用思维导图，构建口头语言表达与书面语言表达之间的联系，架设口头语言表达与书面语言表达之间的桥梁，是一个解决智力障碍学生写作难题的行之有效的方法。它不仅能简化和加速口语表达和书面表达的对应转化进程，有效提升书面表达能力，还可以提高口头语言表达能力，从而促进智力障碍学生逻辑思维、口头语言和书面语言的共生共长，协调发展。

参考文献

［1］朱志勇.《培智学校义务教育课程标准（2016年版）》制定的基本依据及地位作用［J］.现代特殊教育，2019（17）：29-32.

［2］倪叶飞.活化课堂放飞个性：谈新课改背景下的培智学校语文教学［J］.现代特殊教育，2010（10）：26-28.

［3］徐红宇.浅析培智教育中的语文课教学［J］.新教育时代电子杂志，2014（33）：163.

［4］东尼·博赞，巴利·博赞.思维导图［M］.叶刚，译.北京：中信出版社，2009.

［5］罗文君."思维导图"在作文教学中的运用［J］.语文教学与研究（教师版），2011（4）：34-36.

［6］江伟英.图解语文［M］.广州：新世纪出版社，2010.

［7］刘爱玲.试论小学作文教学中说写结合的有效措施［J］.语文教学通讯·D刊（学术刊），2018（12）：36-38.

［8］孙宏英.基于微信群微课程的教师培训模式构想［J］.教育导刊（上半月），2015（4）：80-82.

把握时机，提升生活语文课堂教学效率

深圳市福田区竹香学校　郑智

知识源于生活，也将应用于生活。根据《培智学校义务教育课程标准（2016年版）》指导思想，培智学校生活语文课程的教学目标就是通过促进学生听说读写能力的发展，使语文教学内容更好地为学生融入社会、适应生活打基础。在课堂教学中，教师应及时把握教学时机，激发学生兴趣，提高学生参与度，全面提升教学的生活性与趣味性。

一、因势利导，场景设计化意外

智力障碍学生在校期间，会有各种各样的突发情况，很多老师已经疲于应对。因势利导，及时合理地应用突发情况，变事故为故事，使我们的教学模式更加多元化、教学内容更加生活化，同时增加学生对教学知识的理解。

体育课，我看到小宇（化名，男）嘲笑小夏（化名，女）拿不起篮球，并推搡她，老师要求他道歉，他完全不理会。

目睹事件全程，已备好学习生字"男、女"教学内容的我马上调整，打算上一节"毫无准备的课"。我与辅助教师做好沟通，重新设计课堂活动，课堂呈现如下：布置教室时，刘老师（女）推不动书架，请陈老师（男）帮忙，陈老师说"真没用"，银老师（男）帮忙把书架推到了读书角。随后，打分环节，很多同学给陈老师打了大叉，说他嘲笑别人，很没有礼貌。陈老师赶紧承认错误，并向刘老师道歉，此时，小宇也走到小夏身边道歉。

随后我设计了帮布娃娃扎辫子环节，小琪（女）帮助银老师完成任务。我简单总结了"男生应帮女生搬东西，女生也可以帮助男生；男生女生不一样，更要友好相处"。随后的课堂环节，我要求班上同学找到自己性别的字卡，说说自己作为男生/女生可以做什么，不会做什么，可以帮别人做什么。

一节"临时性课堂"，在处理了上节课遗留的问题的同时，间接完成了认识"男、女"的语文教学任务。实例的应用，可以让学生更容易理解教学内容，给学生思考表达的过程，有效地激发他们的发散思维和语言能力。

二、由此及彼，戏剧排演促通识

智力障碍学生情况千差万别，人人皆"特例"，把握时机，由此及彼，由个人教育延伸为集体教育。保证时效性的同时，做到教育泛化。

针对班级某一名同学上课带电话的行为，我设计了学校领导巡回走访，没收老师手机的"意外"。从"带电话进课堂"这一个话题切入，和学生们一起想想哪些是不好的行为，制定班规手册，进行"说班规""写班规""贴班规""讲班规"等分组活动，融入语文课堂"听说读写"，并在后期的课前活动中加以强化。对于自己参与制定的班规，学生们更容易接受和遵守，在日常生活中，也更乐于接受对应的活动准则。

个例到群体的及时教育，借助语文学科独特的优势，挖掘语文学科的内涵，实现了语文教学效果生活性的泛化。

三、以变应变，同伴互助显个性

培智语文教学不仅锻炼了学生的"听说读写"能力，更重要的是提高了学生的想象力、适应能力。针对学生状态、课堂软环境变化等的情况，教师及时做出调整，让学生乐于参与、乐于学习。

在一节学习古诗《小池》的语文课上，部分同学已经能熟练地朗读，但仍有几个能力稍弱的学生未能完全掌握。有学生趴在桌子上说："好无聊，我都会了。"我立刻停止讲授模式，开展教学比赛。我和另两个已能正确诵读的学生做老师，分组指导其他学生，随后进行学生比赛。做"老师"的学生立马干劲十足，被指导的学生也觉得很新鲜。指导期间，小老师耐心十足，学生们诵读的激情空前高涨；比赛期间，朗诵诗歌的声音也十分响亮。一节课在欢声笑语中完成了设定的教学目标。之后的课堂中，我变换多种形式，结合学生个别化教育计划，让"人人有角色""人人都参与"，学生们对语文课堂充满期待。

智力障碍学生情况"变化不一"，教育方法也要"多维百变"，抓住流动性的课堂中出现的随机、随时的动态，让学生感受到参与的趣味和学习的成就。

通过以上的论述及实例得出，在教学方式、教学内容、教学环节上把握教学时机，有助于实现语文课堂独有的学科性与生活性的统一，更能提升语文课堂的生活性和趣味性。

参考文献

申继亮，教学反思与行动研究：教师发展之路［M］.北京：北京师范大学出版社，2006.

中重度智力障碍儿童数概念建立的探讨研究

河源市连平县仁爱学校　王秋风

一、问题提出及现状

由教育部制定的《培智学校义务教育生活数学课程标准（2016年版）》明确指出培智学校的数学要以生活为导向。生活数学课程的内容主要包括培智学校学生能够掌握的、必需的以及和生活密切相关的、基本的数学知识和技能，是促进学生思维发展、知识学习和生活技能形成的重要工具。目前虽有统一发行的人教版培智学校生活数学教材，但教材本身却难以将教学内容直观形象地呈现给学生，实现学生的多感官学习参与。不仅如此，关于作为数学学习重要基础的数概念的著作文献也屈指可数，对中重度智力障碍儿童数概念学习发展的研究更是少之又少。

二、研究目的

新时期特殊教育的发展日新月异，新课标又有明确规定，行之有效的教学方式进入培智课堂势在必行，我以数学学习中最重要、最基础的数概念为基准展开论述，希望为中重度智力障碍儿童数概念教学寻求新方法，为特殊学校培智课堂的数学教学提供新思路。

三、名词解释

（一）智力障碍

智力障碍是指智力显著低于一般人水平，并伴有适应行为障碍。智力障碍包括：智力发育期间（18岁之前），各种有害因素导致的精神发育不全或智力迟滞；智力发育成熟以后，各种有害因素导致的智力损坏或智力明显衰退。中重度智力障碍的智商在20～49，具体划分标准见表1：

表1　中国智力程度分级标准

障碍类别	分级标准	分级类别	分级指标		
智力障碍	以0～6岁和7岁及以上两个年龄段发育商、智商和适应性为分级	一级，极重度（AB）	DQ≤25	IQ<20	WHO~DAS Ⅱ ≥116分
		二级，重度（AB）	DQ：26~39	IQ：20~34	WHO~DAS Ⅱ 106~115分
		三级，中度（AB）	DQ：40~54	IQ：35~49	WHO~DAS Ⅱ 96~105分
		四级，轻度（AB）	DQ：55~75	IQ：50~69	WHO~DAS Ⅱ 52~95分

注：WHO-DAS Ⅱ 为世界卫生组织《残疾评定量表Ⅱ》的英文缩写（WHO Disability Assessment Schedule Ⅱ）。

（二）数概念

数概念是指人脑对客观事物中有关数量及其关系的认识和反映。数概念包括：①数的实际意义（如"3"是指3个物品）；②数的顺序（如2在3之前，3在2之后，2比3小，3比2大）；③数的组成（如"3"是由1+1+1、1+2、2+1组成的）。数概念是智力障碍儿童进入社会，解决生存问题的重要工具，也是中重度智力障碍儿童学习的难点。

四、影响中重度智力障碍儿童数概念建立的因素

（一）中重度智力障碍儿童自身障碍

中重度智力障碍儿童认知发展缓慢，理解能力欠佳，推理判断能力低下，思维刻板，缺少灵活性，学习迁移类化困难，抽象思维能力欠缺，较长时间停留在直观形象阶段；记忆目的性差，记忆速度缓慢，保持不牢固，遗忘快，再现不准确；注意力分散、难以集中，稳定性差，易受干扰，持续时间短；注意广度狭窄；注意分配困难；情绪不稳定，体验不深刻，自我挫败感强，缺乏自制性、主动积极性；兴趣狭隘、单一，难以持续。

以上均是中重度智力障碍儿童的典型特征，在实际情况中存在个别差异，它们在多方面、不同程度地影响着中重度智力障碍儿童的交流、思考、探索、应运、总结归纳，直接性地造成了中重度智力障碍儿童的学习困难。然而在概念体系中，数概念比实物概念更加抽象，中重度智力障碍儿童数概念的建立更困难，具体表现为漏数、跳数、物量与数不能相对应、无法理解数的组合。

（二）传统课堂组织形式不适

目前学校教学中常见的是传统一对多单向式灌输知识的大课堂。2007年的《培智学校义务教育课程设置实验方案》明确指出：智力障碍儿童要具有基本的文化科学知识和适应生活社会以及自我服务的技能；培养健康的行为习惯和生活方式，成为适应社会发展的好公民。显然，文化知识学习不是智力障碍儿童学习的唯一目标，更重要的是学会生活、适应社会，且中重度智力障碍儿童在注意力、自控力等方面存在缺陷，也必然不适合单向式灌输知识的大课堂。

（三）教学资源短缺

由于中重度智力障碍儿童认知理解的特点，他们不可能像健全儿童那样仅通过教师讲解和图文阅读就能掌握某一概念。目前虽有统一发行的人教版培智学校生活数学教材，但教材的编制立足于全国培智学校学生学习需求，部分内容不符合具体地区的风俗习惯、地域文化，更无学生可多感官参与的教具，也不利于智力障碍学生的理解掌握。"以什么为载体来教"成了许多一线培智教师的难题。数概念作为数学学习的基础，密切关系着人们生活工作的方方面面，在数学教学中是必不可少的教学内容。

（四）家长认识不够，无从下手

许多中重度智力障碍儿童的家长都是社会上的普通公民，学历、文化程度高低不一，更没有特殊教育背景，面对这样的孩子无从下手，极少有去学习改变的意愿，许多中重度智力障碍儿童都属于散养状态。有不少家长拿健全儿童的标准要求中重度智力障碍儿童，过分严格。同时，家长异常焦虑，过于关注孩子"什么时候才会算数？""何时才能写字？"的问题。家长这样的教养方式无疑是不利于智力障碍儿童的成长发展的。

五、研究方法及过程

（一）观察法

研究前，我通过观察、评估等方式了解了班上8名学生对数字1~5概念掌握的基本情况，并为每一个学生做了详细的评估，详见表2（表中用数字1~8代表班上的8名学生）。

表2 班上学生1~5数概念学习能力评估表

领域 学生	唱数	点数	排序	组合
1	可独立完成1~5的唱数	可以自己点数1个、2个、3个、4个、5个	能独自给1~5排序	仅能理解1和1组成2的问题
2	可独立完成1~5的唱数	可以自己点数1个、2个、3个、4个、5个	在老师的辅助下能完成1~5的排序	尚不能理解数字间的组合
3	可独立完成1~5的唱数	可点数1个、2个，到3个会随意报数	无法完成1~5的排序	尚不能理解数字间的组合
4	可独立完成1~5的唱数	不能将数与物对应	无法完成1~5的排序	尚不能理解数字间的组合
5	唱数时会跳数	不能将数与物对应	无法完成1~5的排序	尚不能理解数字间的组合
6	可以跟数1~5	不能将数与物对应	无法完成1~5的排序	尚不能理解数字间的组合
7	可以跟数1~5	不能将数与物对应	无法完成1~5的排序	尚不能理解数字间的组合
8	尚不会跟数	不能将数与物对应	无法完成1~5的排序	尚不能理解数字间的组合

由上表可知：①班上学生的学习能力参差不齐。②班上学生均未建立起完整的数概念。

（二）个案研究法

班上学生起点各异，能力参差不齐，为照顾学生个体差异、促进每一名学生的成长进步，我在研究过程中采用了个案研究法，就1~5的数概念做了详细的个别化教育计划（简称IEP），内容包括个案基本资料、评估表、教育计划。干预后班上学生1~5数概念学习成果见表3（表中用数字1~8代表班上的8名学生）。

表3 干预后班上学生1~5数概念学习成果评估表

领域 学生	唱数	点数	排序	组合
1	可独立完成1~5的唱数	可以自己点数1个、2个、3个、4个、5个	能独自给1~5排序	已掌握5以内数字的组合
2	可独立完成1~5的唱数	可以自己点数1个、2个、3个、4个、5个	能独自给1~5排序	已掌握5以内数字的组合
3	可独立完成1~5的唱数	可以自己点数1个、2个、3个、4个、5个	能独自给1~5排序	已掌握5以内数字的组合
4	可独立完成1~5的唱数	可以自己点数1个、2个、3个、4个、5个	能独自给1~5排序	已掌握5以内数字的组合
5	可独立完成1~5的唱数	可以自己点数1个、2个、3个、4个、5个	能独自给1~5排序	已掌握5以内数字的组合
6	可独立完成1~5的唱数	可以自己点数1个、2个、3个、4个、5个	在老师的辅助下可完成1~5的排序	尚不能理解数字间的组合
7	可独立完成1~5的唱数	可以自己点数1个、2个、3个、4个、5个	在老师的辅助下可完成1~5的排序	尚不能理解数字间的组合
8	尚不会跟数	在老师的辅助下可拿出5个物品	无法完成1~5的排序	尚不能理解数字间的组合

（三）行动研究法

我制作评估表，与班上老师共同商讨并研究实施方案，要求班上老师配合完成个别辅导。整个研究过程具体安排如图1所示。

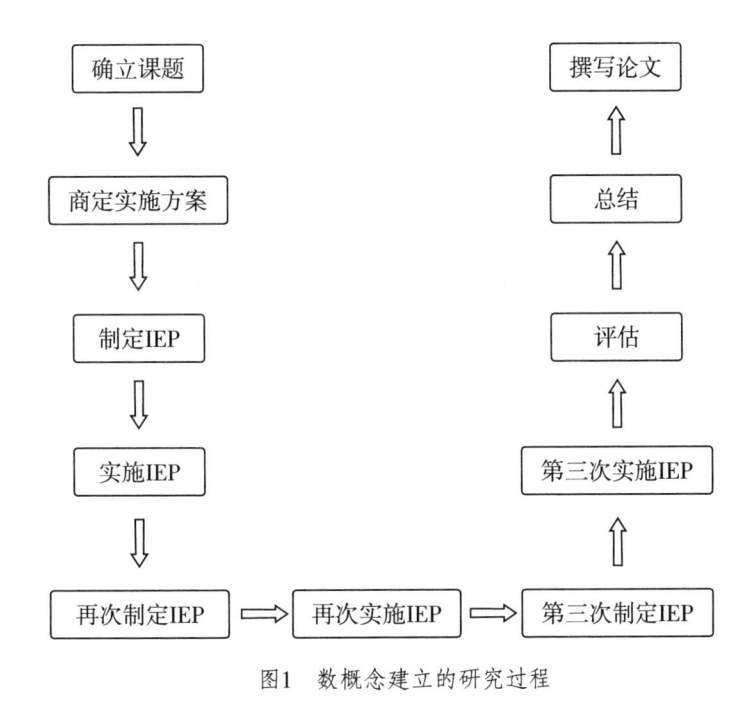

```
确立课题  →  撰写论文
   ↓            ↑
商定实施方案    总结
   ↓            ↑
 制定IEP       评估
   ↓            ↑
 实施IEP     第三次实施IEP
   ↓            ↑
再次制定IEP → 再次实施IEP → 第三次制定IEP
```

图1 数概念建立的研究过程

六、解决对策

（一）收集配套教学资源循环使用

中重度智力障碍儿童思维发展相对缓慢，思维的水平长时间处于动作直观思维阶段，迁移转化能力欠佳，按新课标的要求，一切课程都将以生活为导向。日常生活中常见的物品也是中重度智力障碍儿童看得见、摸得到、用得着的实物，他们自身拥有的、看到的、听到的物品都可以用来作为数概念教学的资源。

我紧密结合单元主题，详细了解当地风俗习惯、地域文化，评估了学生的现有能力，综合这些要素收集与日常生活密切相关的物品作为教学资源引入课堂，将与之相关的游戏作为课外活动内容，将相关的家务劳动作为家庭亲子活动布置给家长，如数排球、拿碗筷等，教学资源的准备当以最大限度调动学生的视、听、嗅、触、味觉，让学生参与教学活动。

例如，在学习数字1时除数实物，还可以加入走1步、吃1口、1个小朋友有1个书包这样子生活化的活动进行训练学习，将视、听、味等感官充分结合起来。再如，采用生活化的教学内容进行知识衔接，如1个小朋友有2只手、1个小朋友用2根筷子等。

（二）重组课堂模式

由表2可以看出，班上学生的学习能力千差万别，起点各不相同。根据班上学生的特征及现有能力，我开设了分层协同教学、个别化教学、小组合作教学的融合课堂模式。

1. 分层协同教学

分层协同教学简单来说就是学生分层，教师协同。教师在课堂上将学生按学习能力分成两组，能独立完成唱数的1、2、3、4号同学为一组，尚不能完成唱数的5、6、7、8号同学为一组，两组学生设立不同的教学目标。一主教一助教协同合作进行教学，立足整体，兼顾差异，适时进行个别辅导。

2. 个别化教学

个别化教学是指在面向全体学生教学的基础上，依据学生个体差异和身心发展需要，通过系统的教学设计、安排，以最大限度地实现每个学生个性发展的教学活动。在统一的集体课外，我还对现有能力超出平均水平的学生及现有能力与平均水平相差较大的学生进行个别化教学，力求满足不同学习能力学生的学习需要。

3. 小组合作教学

小组合作教学意在学生与学生的合作。课堂上，教师将班上的8名学生分为4组，实现学习能力的优劣互补、以强带弱，充分调动学习能力较强学生的积极性，加强学生之间的合作交流，课堂以学生为主导进行，教师以协调者、组织者的身份出现在课堂。

（三）分解知识，循环进行

将完整的知识模块细化分解成许多小模块，在完全掌握吃透这一小模块后，再进行下一模块的学习。对于已学过掌握的知识模块经常性地练习巩固，以达到内化。例如学习2的点数，点数在于数与物的一一对应，一数对一物，有几个物品就用数字几表示。可将2的点数的学习分成两个步骤：①认识数字1，能准确地拿1、数1、用1。②认识数字2，能准确地拿2、数2、用2。在学习步骤②时需经常性地复习巩固步骤①，如此循环。

（四）家校联合，用于生活

教师通过校信通、微信等形式告知家长在校学习内容及孩子的掌握程度，并布置生活性的家庭作业；每周通过家校沟通本记录孩子的学习情况并给出在家教育辅导的详细建议；定期开展家长培训，努力把家长培养成专业型家长，让家长成为教育工作的合作者。

七、干预效果分析

（一）班上学生掌握情况

经过为期一年的一系列解决措施的干预，班上8名学生都在不同程度上取得了进步，对数概念的理解进一步加深，已有5名学生建立起完整的1~5的数概念，其他3名学生中，2名掌握唱数、点数，另1名无语言能力的学生在老师的辅助下能拿出5个物品，在数排序、数组合上还需要进一步学习。详细掌握情况见表3。

（二）结果分析

由表3和图2可以看出，经过为期一年的干预，62.5%的学生完全建立起1~5的数概念，37.5%的学生虽然没有完全建立起1~5的数概念，但也在不同层面上取得了进步。事实证明，中重度智力障碍儿童亦有建立完整数概念的能力，只是他们需要合适的教学资源、独特的课堂组织模式、小步子多循环的学习方法，良好的家校合作能对促进学生正向成长产生积极作用。

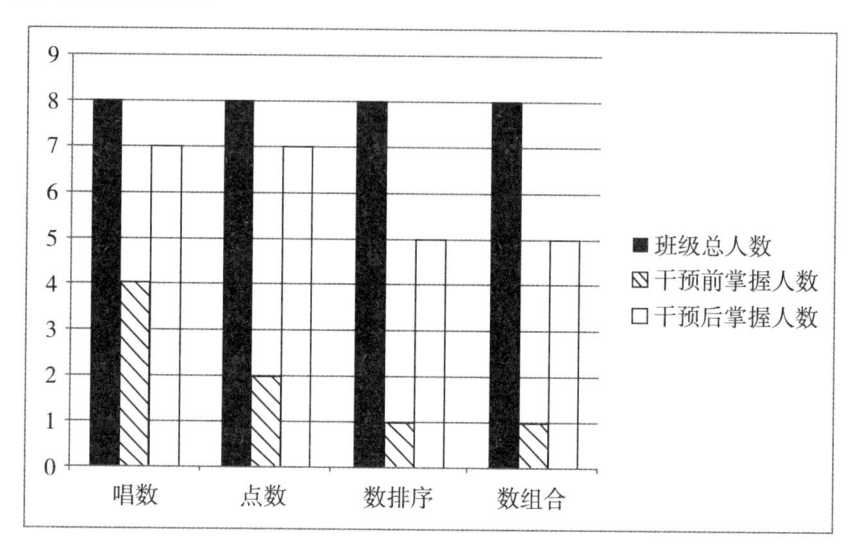

图2 干预前后学生掌握1~5数概念对比图

八、反思与展望

本次研究虽然在很大程度上促进了学生数概念的建立和掌握，取得了一定的成就，但依然有诸多不足之处，如：在教学资源收集过程中没有突破时间和空间的限制；在几种课堂模式的融合过程中有比例把握不当之处，在小组合作教学中，有时会出现同组内玩闹的现象，造成了时间的浪费；在家校合作过程中，部分配合度欠佳的学生家长不能很好地完成老师布置的家庭作业，孩子在家练习的时间不足，使得与其他同学间的距离拉大。

以上种种皆是本次研究过程中客观存在的未能克服的不利因素，希望在以后的研究中能避免或最大限度地减少。此外，数概念作为数学学习的重要基础，希望引起更多一线特殊教育老师的重视，能找出更多帮助智力障碍学生建立完整数概念的对策。

参考文献

［1］中华人民共和国教育部.培智学校义务教育生活数学课程标准（2016年版）［M］.北京：人民教育出版社，2018.

［2］张婷，赵汤琪.特殊教育的医学基础［M］.北京：北京大学出版社，2011.

［3］盛永进.特殊教育学基础［M］.北京：教育科学出版社，2011.

［4］罗紫琼.活动教学对智力落后儿童数概念影响之行动研究［D］.重庆：重庆师范大学，2014.

［5］申承林，王志超，游旭群.中重度智障儿童若干数前概念发展研究［J］.心理研究，2018（4）：358-363.

［6］杜志强.特殊儿童发展与学习［M］.北京：高等教育出版社，2016.

［7］盛永进.特殊教育学基础［M］.北京：教育科学出版社，2011.

结合课标，联系绘本，贴近生活

——浅谈培智学校生活语文在线教学方法

深圳市福田区竹香学校　郑智

培智学校教学内容关注生活、重在体验。《培智学校义务教育课程标准（2016年版）》（以下简称《课标》）中指出：生活语文课程是一门学习语言文字运用的综合性、实践性课程，通过语文学习提高学生适应生活、适应社会的能力和健康的审美情趣。

我所在培智学校教学对象情况复杂，需求各异。在线教学期间，师生无法面对面沟通，这对特殊学生保持自身的注意力和学习兴趣是极大的挑战，但此时的教育环境是学生的真实生活。因此，生活语文学科紧密结合课标，贴近学生日常，着眼多彩绘本，丰富学生的知识积累和真实体验。

一、结合环境，实现教学内容"生活化"

生活化的情景，使学生能在真实的语言实践活动中，感知语言，发展语言运用能力。"初步学会倾听、表达与交流"是《课标》中"倾听与说话"领域的基本要求。特殊学生注意力范围狭窄，与人沟通能动性不足。绘本故事中多个人物在特定环境中的互动能使学生参与到故事中。在线教学期间，教师结合学生真实的生活体验，选取与生活相关的绘本为教学内容，让"听"和"说"在生活中进行。

例如，老师将绘本作为讲义，通过希沃云课堂直播授课，根据学生生活经验将每一页绘本分配给对应学生，如将"下雨"页分配给当下身在成都阴雨天中的学生、将"果盘"页分配给坐在茶几果盘旁的学生，教师利用"连麦"功能提问："在这里，你看到了什么？"学生回答："我看到……"另外，在语言练习中，让学生介绍自己的居家环境，将自己的观察与他人分享。

此节绘本教学，教师将绘本中的图片与学生生活环境相结合，让学生有切身的参与感。教师通过观察、倾听、表达、互动等方式，将信息载体转化为交际工具，将语言由课堂过渡到生活，实现生活语文教学内容的"生活化"。

二、注重需求，实现教学功能"社会化"

社交发展与沟通交往方面的异常是导致大部分特殊学生无法实现"社会化"的重要原因。《课标》中提出：生活语文课程既注重现实生活的需求，又注重社会发展的需要。

防疫期间，大部分特殊学生家庭面临如下问题：多子女家庭争夺玩具，学生情绪波动、破坏家中物品，分离焦虑，等等。此类情形随着特殊儿童年龄的增长、在社会环境中参与度提高而日益明显。因此，认识情绪系列绘本"当我……的时候"教学应运开展。

云课堂《当我生气的时候》，从小兔子的第一视角出发，阴雨天、饿肚子、失败体验……随后小兔子"摔东西、大哭、大声喊叫"。这些极易导致特殊学生情绪波动的因素逐一呈现，特殊学生也开始表达气愤的类似行为。此次，学生以"旁观者"的角度看待生气。教师设计"找不同"环节：在"坏事情"中找快乐。教师和学生协同操作白板课件，如：下雨天打伞很漂亮，还像古诗《春夜喜雨》中的美丽景色；饿肚子才可以吃好吃的食物；画错的画妈妈也很喜欢；等等。

随后，教师让学生们以朋友的角色安慰生气的小兔子："生气了，可以……"学生想方法，内化为自己的生活经验。本课重点锻炼学生"共情"这一弱项：尝试感受他人的情绪。

系列绘本还有《当我想你的时候》《当我害怕时》《当我觉得自己很棒》等。教师通过系列故事让学生了解情绪，寻找适合自己的情绪疏导方法。

生活语文学科有重要的熏陶、感染作用，注重学生的现实需求，通过绘本教学，达成《课标》中要求的培养、提高学生生活与社会适应能力的目标，并以此作为教学的出发点和归宿。

三、着眼体验，实现教学形式"多元化"

在线教学，如只采用单一的讲授法，只调动学生眼、耳两种感官，特殊学生很难充分获取有效信息。《课标》中提出：尊重学生个体差异，实施个别化教育的教学建议。因此，教师在绘本中采取"多元化"的教学形式，调动学生多种感官，以多种形式提升教学的有效性。

例如，在教授青春期教育绘本《不要随便亲我》时，教师与家长沟通，准备好相应的学具。在讲到主人公莱娜面对亲朋好友的喜欢时，通过道具，学生嘴巴尝到蒜辣味、鼻子闻到香烟味、皮肤感受到胡子扎，"视、听、触、味、嗅"多种感官使学生理解主人公的不舒服。故事继续发展，当主人公勇敢说"不"后，"大蒜、香烟、胡子"变成了"糖果、鲜花、围巾"即握手、点头等其他形式。教师让学生从感官理解行为，以多种形式开发多元教学。

再如，在教授自然观察类绘本《花生不见了》时，除传统的绘本讲读外，对于不同认知渠道的学生，教师在教授环节穿插不同形式，如摸花生、尝花生、找花生、画花生等，选取适合不同学生的个性化教学形式，让学生动起来，课堂活起来。

又如，在认知学习类绘本的教学中，教师让学生分别尝试扮演报幕员、讲解员、路旁的植物等，从多元的视角理解绘本中的词句。

根据学生特质和能力，提供恰当的支持，以提高学生学习的适应性和有效性。这正是"多元化"教学形式的重要作用。

综上所述，在线教学期间，教师结合学生学习环境资源，以学生发展需求为目标，调动学生多感官参与，通过丰富的绘本故事，提高学生的综合素养和社交技能，实现生活语文学科生活化、社会化、多元化。

参考文献

[1] 华清，杨书悦.本色语文　魅力语文：谈如何在培智语文课堂进行有效性教学［J］.南京特教学院学报，2008（3）：35-37.

[2] 池奕婷.浅谈培智学校语文课堂教学的策略［J］.考试周刊，2017（67）：22-24.

专题 ❷ 教学相长

《礼记·学记》:"是故学然后知不足,教然后知困。知不足,然后能自反也;知困,然后能自强也。故曰:教学相长也。"从站上讲台,到站稳讲台,再到站好讲台,需要每一位教师保持持之以恒的思考和拥有不断钻研的恒心。

浅谈听障学生英语单词记忆能力的培养

深圳元平特殊教育学校　但瑰丽

英语作为一门国际通用的语言，在我国的运用越来越广泛，日益成为人们生活、工作的重要工具。英语课程的学习，既是听障学生掌握英语知识和技能的过程，也是他们开阔视野和丰富生活经历的过程。听障学生掌握一定的英语知识能够有助于他们适应社会的发展，更好融入主流社会。

单词是英语学习的基础。英语水平在很大程度上取决于所掌握的词汇。在教学实践中，我们发现单词记忆成为许多听障学生一项沉重的学习负担。学生记不住单词，导致后面的语法、阅读、写作等教学无从开展。因此，根据听障学生的学习特点，培养和发展他们单词记忆的能力尤其重要。

一、听障学生记忆单词的特点与存在困难

1.听障学生记忆单词的方式

听障学生记忆单词的方式包括眼睛看、手指语拼读、手写和口读。听障学生在学习英语过程中，每一个单词信息的获得都来源于视觉，听障学生通过辨认和记忆字母形状或手指语来进行储存单词。我发现，学

生更喜欢采用眼睛看和手指语拼读的方式，而较少通过手写和口读来记忆单词。

国外研究者在研究听障学生的阅读中，发现他们采用的是"用眼睛阅读"的模式，从辨识字母开始，而字母的辨识是透过视觉的分析及指派图像编码给不同字母实现的。这些视觉形态的字母，最终会被孩子以整个词的方式去认识，并且给予语意或有意义的诠释，而后储存在大脑中。有些听障者也以手指拼字母的顺序储存在脑中。

2. 掌握的词汇量有限

从各省普通学生英语高考的大纲来看，学生一般掌握3000以上的单词和词组。中国高等教育学会特殊教育研究分会制定的《残疾人高等教育入学单考单招考试说明（英语）》中指出，艺术类专业的考生要求掌握1200～1500个单词及相关词组，理工类专业的考生要求掌握1500～2000个单词及相关词组，均远低于普通学生的要求。从听障学生实际掌握的情况来看，只有少数听障学生能基本掌握要求的词汇，而大多数听障学生只能辨认部分单词，能够默写的单词更少。

3. 学得单词遗忘快

听障学生不仅掌握的单词少，而且遗忘特别快。经常有学生跟我抱怨，单词记不住，每次学了一堆单词后，第二天再复习时能认识的单词就只剩几个了。即使有些单词经过多次复习终于记住了，如果隔一段时间没有使用，再次见到时就想不起来了。

4. 单词之间很容易混淆

（1）同一词根但不同词性的单词混淆

在选择题或用所给单词的适当形式填空的题型中，对这些同一词根不同词性的单词，学生使用起来很混乱，答案具有较大的随意性。这表明学生对这些单词的词性和表达差异不能区分。常见的情况有：名词与动词之间，如discuss和discussion，都是一个含义"讨论"；形容词与副词之间，如good和well；名词与形容词不分，如difference和different。

（2）形似单词混淆

日常的教学中经常出现学生对某些单词含义张冠李戴的现象。即使是那些简短、使用频率高的单词，我们认为很简单，从听障学生那里却能得到始料未及的解释。例如，把"same"认成"some"，把"meal"和"mean"都当成"meat"。这种混淆多发生在那些视觉形状上很相似（而不是读音相似）的单词上，他们把一些视觉上看起来差不多的单词，记成自己较熟悉的那个单词。

二、影响听障学生单词记忆的因素

1. 听障学生学习兴趣的影响

在听障学生的英语教学中，缺乏兴趣是一种较普遍的现象，大多数学生对英语学习兴趣不大，部分学生甚至厌烦英语，视上英语课为"受罪"或"煎熬"。有些学生认为英语与自己的发展联系不大，在他们无声的世界里学英语没有用；有些学生认为英语太难，面对庞大的英语词汇束手无策，望而却步。

2. 听力缺失的影响

认知心理学的研究发现，人的短时记忆是以听觉方式对刺激信息进行编码的，或者说，以听觉编码占优势。我们在回忆时，也是通过听觉刺激来提取整个信息的。例如，我们在记忆"母亲"这一单词时，往往会根据发音的音节把它划分为"mo"和"ther"两部分存入头脑中，音标和发音的字母也存在很大联系。在回忆时，头脑中会最先呈现它的读音，通过读音联想到拼写"m-o-t-h-e-r"。而由于听力缺失，听障学生在学习新单词时，既没有听觉信息的输入，也不能通过读来复述。在他们看来，这一个个字母之间没有任何联系，字母如何组合成一个单词似乎是随意的。可以说，他们记忆一个单词，就好像记忆一组排列无序的字母，因此效果会比普通学生差很多。

3. 中国手语和汉语习惯的影响

中国听障学生英语学习处于三语的语言环境——中国手语、汉语书面语以及英语。手语作为听障学生的第一语言，许多客体或行为，他们都可以用手势和表情惟妙惟肖地表现出来。汉语书面语是对听障学生进行专门教育后，帮助他们来表达更复杂一些含义的行为或情感。中国手语和汉语书面语都作为辅助语言加入到中国听障学生的英语学习之中，却又发挥着不同的作用和影响。在理解英语单词时，他们会将较简单的意义转化为手语，而将更复杂、抽象的意义转化为汉语书面语。中国手语、汉语书面语和英语属于不同的语言系统，有视觉性的、有听觉性的，三者有不同的语法结构。在学习英语时，中国手语和汉语书面语就会对其产生影响。例如，听障学生在学习"slow"和"slowly"时，认为这两个单词含义一样，因为在他们的手语里都是一个手势——慢慢。再如，当我要求学生写出"保持健康"这一短语时，他们往往会写成"keep health"，因为从字面上看，汉语书面语中的"健康"直接对应英语中的名词"health"，而不是形容词"healthy"。

4. 加工与复习的影响

影响听障学生单词记忆的还有对单词的加工与复习。在学习了新单词后，如果没有及时加工与复习，储存在学生头脑中的视觉编码和语义编码会迅速消退。短时记忆难以转化为长时记忆。加工是在头脑内对单词信息进行整理，如将单词划分成几个部分，对单词进行分类，与头脑中已有的单词进行比较，等等。因此，在认识新单词后，学生如果能及时进行加工，并且后面加以复习，记忆的效果会更好。

三、提高听障学生单词记忆的方法

心理学关于记忆的研究表明，影响记忆效果的因素除了时间以外还有：①识记材料的性质与数量；②学习的程度；③识记材料的系列位置；④识记者的态度。意义记忆的效果优于机械记忆，对记忆材料加工越深，越容易进入长时记忆，记忆越深刻。因此，学生要不断对所学的内容进行复习。那么，在对听障学生的教学中，如何根据学生的特点来增强单词记忆的效果呢？现我就自己的实践与体会与大家商讨。

1. 激发学生对英语的兴趣，培养良好的习惯

兴趣是最好的老师。要想增强听障学生对英语单词的学习效果，首先需要努力激发学生对英语的兴趣。一旦学生对英语有了兴趣并积极发展这一兴趣，带着强烈的欲望去认识单词、理解单词，单词的记忆就容易多了。作为教师，我们可以利用和创造机会，选择一些适合学生年龄、与生活密切相关的单词，适时抓住学生的兴趣。比如，在教会学生单词"cool"（凉爽的）后，我问他们："cool还有一个含义，在口语中经常会说到它，你们能猜出那是什么吗？"学生猜测的同时我慢慢读"cool"，并提示他们观察我的口型。在这个过程中，学生会恍然大悟，原来生活中常说的"酷"是来自英语中的"cool"。还有，我利用学生上网的爱好，让他们进入我们学校的网站，找出学校名称的中文和英文表示方式。在比较这两种方式的时候，学生不仅复习了"school"，又可以学到"special、education"两个新单词。

在学生产生了兴趣后，我就引导学生多观察生活的环境，有意识地去发现生活中的英语单词，并认识它们。在记忆单词时，我要求学生充分发挥眼睛和手的作用，边看边指拼或手写。对于有残余听力的学生，我要求他们尽量边看边读边写。每当学习了一个新单词后，我要求学生定期去复习它。

2. 充分利用构词法，扩大学生的词汇量

大部分英语单词是由词根、前缀、后缀几个部分构成的，在一个词根上加上不同的前缀或后缀得出不同词义或词性变化的词来。在学生已掌握词汇的基础上，我借助熟词扩大词汇量，帮助听障学生在相对短的时间内掌握更多词汇。例如，前缀dis、un表示否定，happy（开心）→unhappy（不开心），usual（寻常）→unusual（不寻常），agree（同意）→disagree（不同意），appear（出现）→disappear（消失）；词根act作为动词，表示做、行动，加上不同的后缀可以变成不同词性的单词，有名词actor（演员）、形容词active（活跃的）、名词action（行为）、名词activity（活动）。我通过讲解这些例子，让学生记住常见的词根和词缀，既能帮助学生区分词性，也可以进一步扩大他们的词汇量。

3. 利用分类法，增加单词间的联系

因为人对客观事物的识记和再认不是孤立的，而是成系列地重现出来的，所以如果把许多分散、零星的单词加以整理、分门别类去记，就比记一些孤立的、毫无联系的单词要容易得多。因为单词经过分类以后，同一类的单词很容易产生联想，而联想是记忆活动的基础。常见的就是将词汇分类记忆。例如餐具类，spoon勺子，plate盘碟，dish盘碟，bowl碗，fork叉子，knife刀子，glass玻璃杯；天气类，sunny / fine晴朗的，cloudy多云的，windy刮风的，rainy下雨的，snowy下雪的，cold寒冷的，hot炎热的，warm温暖的，cool凉爽的，humid潮湿的，dry干燥的；场所类，theatre剧院，cinema电影院，restaurant餐厅，hospital医院，hotel旅馆，park公园，supermarket超市，mall商场，church教堂，school学校，bank银行。

4. 运用正反比较法，增强印象

在学习单词时能够举一反三，见到某单词就想到它的反义词。

（1）反义词

例如：ask（询问）—answer（回答）

busy（忙碌的）—free（空闲的）

（2）同义词

例如：almost—nearly（几乎；差不多）

bright—sunny—shining（晴朗的）

5. 仔细辨认形近词，避免混淆

对有些视觉形状上相近的单词，可以互相加以比较而达到记忆的目的。

例如：beard（胡须）—bread（面包）

alone（单独的）—along（沿着）—aloud（大声地）

总之，教导听障学生认识单词，我们在激发学生兴趣的同时，应根据学生特点采取多种手段，把视觉记忆和动作记忆相结合，把机械记忆和意义记忆相结合，把短时记忆和长时记忆相结合，熟练地运用各种方法，增强单词记忆的效果。

参考文献

［1］王甦，汪安圣.认知心理学［M］.北京：北京大学出版社，2006.

［2］张松柏.听觉损伤对中国聋人英语学习的影响［D］.西安：西北大学，2004.

［3］彭聃龄.普通心理学（修订版）［M］.北京：北京师范大学出版社，2004.

［4］范敏.英语词汇的特点及如何提高记忆效果的探讨［J］.菏泽师专学报，2000（3）：82-83，91.

短篇韵文的个别化教学策略

——以教学《我的五官》为例

深圳市福田区竹香学校　郑智

《培智学校义务教育课程标准（2016年版）》（以下简称《课标》）中指出，教材编写应根据培智学校学生的认知水平与身心发展特点，密切联系学生的生活经验，难易适度，文质兼美，符合语文特点。

培智学校学生的障碍类型复杂，障碍程度各不相同，其学习生活语文的特点和需求，学习的起点、方式与能力存在着显著的差异。因此，在教学中，我们既要有针对全体学生的整体教学目标与策略，也要有针对性地采取个别化教学策略，以期促进每个学生在原有的基础上得到发展。

下面，我将以校本教材《我的五官》为例，对短篇韵文的个别化教学策略进行探讨。以下是韵文原文：

我的五官

小耳朵，听一听；

小眼睛，看一看；

小鼻子，闻一闻；

小嘴巴，说一说，

这五官，真神奇。

一、短篇韵文的形式特征

（一）短——简短精巧、浅显易懂

短篇韵文简短精巧，由四字以内的短句组成，且篇幅较短。例如，《我的五官》均由三字短句组成，全文内容简单，浅显易懂，学生阅读此类文章较为容易，不仅可以练习阅读能力，还能根据文中内容了解五官及其功能。

（二）韵——生动有趣、节奏明快

韵文节奏明快，朗朗上口，学生读之有儿歌的韵味。同时，我们要尽可能选择生动有趣、喜闻乐见的内容编写韵文，如自然环境、生活情景等。《我的五官》前四行韵文均以小××、ABA句式贯穿，节奏整齐，符合特殊学生阅读习惯，配合律动，有助于培养学生阅读兴趣。

二、短篇韵文的个别化教学策略

（一）结合律动，培养语感

朗读教学是阅读教学的重要组成部分。短篇韵文符合特殊儿童，尤其是中重度障碍学生的阅读习惯，教师在教学中结合律动，使学生在阅读时感受韵文朗读的节奏，引导学生在朗读中体验情感、形成语感。教师在范读《我的五官》时结合二拍子节奏，随后将节奏融入分层阅读活动，如：指读时教师打拍子，视读时引导学生共同打拍子，根据拍子节奏朗读，默读时无须打拍子也可节奏诵读。

人的学习起于模仿，特殊儿童因为缺陷的存在，模仿训练尤为重要。在学习本篇韵文后期，教师增加了"语言—动作"活动：诵读韵文时，以有意的镜面动作示范，如诵读"小耳朵，听一听"，用手指耳朵和双手呈扇形在耳朵两侧的动作，强化学生对韵文的理解，多次给学生提供直观正向的"范本"，让学生模仿；同时，动作律动具有一定的辅助提示作用。

（二）关注差异，合理分组

《课标》指出：阅读教学要关注学生的起点能力，减缓坡度，循序渐进；通过对个案的综合分析，选择合适的教学策略与方式，并据此实施个别化教学。

根据《我的五官》的教学目标、教学内容、教学重点，将学生按能力从强到弱分为a、b、c三个层次，教学要求由诵读到朗读再到跟读。

设计一：朗读练习，同质分组

多次、多种形式的朗读对于学习短篇韵文作用较为明显。在朗读教学中，教师范读后，展示朗读环节"小嘴巴，大声读"，此环节按照同质分组，将学生分为A、B、C三组，朗读要求依次为整体通读、逐句跟读、提示点读。

设计二：强化理解，异质分组

在游戏环节，异质分组分为一、二组，教师依学生能力、个别化教学目标将学生配入不同组中，保证每组均有a、b、c三层学生。

教师设计"找五官""贴五官"两个活动，说明并强调规则，如在"找五官"中，要求组内a层学生读词卡，b层学生找对应的图片，c层学生点认图片。

"贴五官"则更加灵活有趣，在空白卡通人物脸部上贴五官对应的图卡或文字卡。在此，教师不对学生的任务做固定安排，让学生在组内自由分工，相互指导纠错，共同分享学习经验。

（三）巧用同伴，增加互动

生活语文是一门关于语言文字运用的综合性、实践性课程。培智校本教材编制的短篇韵文往往取材于学生日常生活，韵文的内容能激起大部分学生的兴趣和强化他们的生活经验。在教学过程中，教师巧用同伴互动的教学策略，使特殊学生学习人际交往的技巧和体验团体生活。

在《我的五官》拓展延伸环节，教师设计活动"猜猜我的朋友"，学生介绍自己好朋友的五官特点，其他同学猜一猜这是班级哪名同学，依次接龙并找到自己的好朋友。

教师通过短篇韵文《我的五官》教学，关注学生的个体差异，通过丰富有序的个别化教学策略达到促进学生主动参与、积极体验、能动发展的教学效果。

参考文献

［1］中华人民共和国教育部.培智学校义务教育生活语文课程标准（2016年版）［M］.北京：人民教育出版社，2018.

［2］池奕婷.浅谈培智学校语文课堂教学的策略［J］.考试周刊，2017（67）：22–24.

浅谈对初中聋生进行心理健康教育的重要性

河源市博爱学校　李燕珠

一、心理健康教育

心理健康是指一个人的心理与社会处于相互协调和谐的状况。心理健康教育从内容上看，包括心理素质培养与心理健康维护两项任务；从性质看，则包括发展性教育与补救性教育。

二、初中聋生心理健康发展状况及存在的心理问题

（一）初中聋生心理健康发展状况

因听力受损，聋生接收信息的渠道较少，他们有个很明显的特点就是接受能力和理解能力较健听学生偏弱，比较自我，普遍较敏感，不喜欢别人发现自己是有听力缺陷的，在这方面比较自卑。他们渴望着与健听人正常交往，但又担心别人看不起自己，在人际方面和情绪方面存在着较大的心理健康问题。

（二）初中聋生存在的心理问题

初中聋生虽然存在着较健听学生更多的一些问题，但也与健听学生

一样存在着学习障碍、行为障碍、情绪障碍、人际交往障碍、青春期性心理障碍及人格障碍这些普遍的心理问题。此外，聋生的书面表达能力和手语的不规范性给教师开展心理健康教育带来一定的困难。

三、对初中聋生开展心理健康教育的重要性

初中聋生的心理健康水平如果都在正常状态下，那么他的行为就正常，他的活动也就不存在异常，就不会影响正常的学习、生活等。因此，对初中聋生开展心理健康教育的重要性体现在以下几个方面。

（一）是学校正常运作的需要

对初中聋生开展心理健康教育关乎学校正常运作，学生作为学校组成的重要群体，学生心理要是存在大的偏差、不平衡状态，那对于学校正常工作的开展会有很大的干扰，教师无法正常授课，学生无法安心学习。学校重视心理健康教育的开展，重在预防，及时疏导，这样可以使学生的一些不平衡或不健康心理状态恢复到正常状态，就可以大大减少青少年的违法犯罪事件与异常事件，维护好学校的正常秩序。

（二）是保证初中聋生健康发展的需要

初中聋生的心理健康状况良好，也就是有着较良好的心理素质，这是他们学业成功的重要保证。同时，心理健康教育可以促进学生良好品德的形成，帮助他们融入社会，与社会保持一致，接受社会的各种道德规范，形成符合社会要求的品德。

（三）是初中聋生身心发展特点的需要

初中聋生虽然在听力上有缺陷，但是在身体发育方面与健听人一样。初中阶段，他们会出现性的需要和较强烈的独立性需要，但是他们的心理成熟水平又不够，形成矛盾，很容易进入心理不平衡状态而又不容易通过自我调节或寻求成人疏导得到解脱。因此，对初中聋生进行心理健康教育尤其迫切。

（四）是当前社会发展的需要

信息时代的发展，给我们带来很多的便利的同时，也为我们带来了很多负面的影响。比如网络暴力、色情信息的泛滥等，都会对青少年的心理产生不利的影响，所以对初中聋生开展心理健康教育很重要。

四、如何对初中聋生开展心理健康教育

（一）建立一个优雅的环境

学校应营造有利于学生身心发展的文化氛围，包括以下两个方面：

（1）静态的校园文化环境，如校容、校貌、各种设施、设备等，这些会对学生产生一定的影响。可以发展校园文化（走廊文化、班级文化等），建设"花园"式的校园，布置干净、整洁、阳光充足、空气畅通、赏心悦目的教室，使学生生活在一种轻松、和谐、愉快的环境中。

（2）动态的校园文化环境，如校风、班风等，这些会对学生的心理产生很大的影响。教师应像对待自己孩子一样照顾学生，做学生的"忘年交"，真诚地与他们沟通、交流，以高尚的人格来感化学生，以民主治班，师生平等交往。教师组织学生参加班级管理，尊重学生的兴趣、爱好，营造宽松的班级氛围；利用晨会、班会、上课等时间引导集体舆论向正确方向发展，重在引导而非灌输；通过少先队活动、团队活动、墙报、黑板报等途径维护正向舆论的环境、促进舆论的健康发展。

（二）在各科教学中渗透心理健康教育

学校以教学为主，因此把学生的心理健康教育渗透到各科教学中不失为一种很好的途径。所谓"渗透"，并不是把心理健康的概念生硬地加进去，而是结合各学科教学，运用一些技巧，有意识但又"润物细无声"地培养学生积极健康的心理品质。要对学生进行心理健康教育，教师要自己做到心理健康，具有一定的心理健康方面的知识。

（三）专门开设心理健康教育的课程

心理健康教育课程可以帮助学生了解心理科学知识，掌握一定的心理调节技术。心理健康教育课程可分为两部分：一是理论部分，主要是心理卫生与健康的理论常识，向学生普及心理卫生常识，使学生能够了解、分析自己的心理状况，提高抵御心理疾病的能力；二是实际训练操作部分，这也是学校开展心理健康教育最有效的途径，实际训练操作内容包括角色扮演、相互询问、人际交往训练等，让学生掌握一些转移情绪、宣泄痛苦、发泄愤怒、克服自卑、树立自信心的心理调节手段，做到防患于未然。

（四）设置心理咨询信箱

有些学生羞于表达某些问题，设立心理咨询信箱可以给这部分学生带来方便，让他们的心理问题及时地得以发现，使教师有针对性地解决这些心理问题。

（五）有条件的学校可以建立学生心理档案

心理档案内容包括智商鉴定的分数、非智力因素的测查（包括身体健康、心理健康、学习热情、学习方法、师生及朋友关系等）、气质类型的调查、人格障碍的调查等。这些情况都应以档案的形式保存，以备将来查找资料、研究方案及对学生进行帮助教育之用。

心理健康教育是一个系统工程，重在提高学生的心理素质与抵御心理疾病的能力，做到防患于未然。当然仅靠学校单方面的努力是不够的，还需要学校、家庭、社会的共同努力。而且三者的努力方向应一致，这样才会对学生起较大的作用。所以学校除了要做好自身的工作，还要争取到社会和家长的共同支持。

双重特殊障碍儿童潜能开发的个案研究

深圳元平特殊教育学校 赖华南

每个人都有潜能，特殊儿童也不例外。特殊儿童和普通人一样，其完善自身生命的表现就是其潜能被开发的过程，因此，享有潜能开发服务也是其权利之一。如何开发特殊儿童的潜能，是特殊教育教师、家长、社会和教育管理决策部门都很重视的问题。教育部等七部委共同颁发的两份特殊教育提升计划都很重视潜能开发，最新的《"十四五"特殊教育发展提升行动计划》中还强调要"让每一名残疾儿童青少年都有人生出彩机会"，要"努力使残疾儿童青少年成长为国家有用之才"。虽备受重视，但特殊儿童，尤其是有心智障碍的儿童面临巨大的学习困难，如何出彩，如何成才，是个让教育者困惑的问题。本个案正是在此背景下进行的实践性研究。

一、个案基本情况及潜能开发方向分析

（一）个案基本情况

小C，女，2004年6月生，多重残疾，智力残疾四级，听力残疾三级，能听到部分声音，有配助听器，不常用，就读于某特殊教育学校智障教育部中度班四年级。她有一个刚出生的弟弟，父母离异，跟母亲生

活，母亲再婚。平日外婆和母亲带她比较多，比较宠她，沟通方式不是哄就是凶，较少讲道理，慢慢养成小C认死理的倔强性格，闹情绪时很磨人。

小C平日沉默少语，因为她听力受损，说话含糊，别人听不清楚，只有很熟的老师和家长能听懂一些简单的日常对话。学业上两极分化，需要开口的部分课程表现很差，如唱歌、朗读、英语等，体育、数学、绘画和劳动等动手课程表现优于同学。

小C较少与他人交往，有时会跟其他女生玩游戏，在集体活动中有一定的参与度。小C平日对自己的表现很不自信，乐于听老师的指导去做一些锻炼，有一定的畏难情绪，很抗拒独立去完成任务，特别是需要开口说话的任务，容易害羞放弃。

（二）潜能开发方向分析

小C的妈妈曾带其参加过一年的语言训练，效果不明显，未坚持。小C的妈妈让小C一年级时直接进入特殊学校学习，学校里有什么活动都会主动给她报名，一到三年级曾经尝试过让小C参加各种各样的活动和项目，对女儿的教育有一定的期望值和配合度。

在艺术方面，小C不会唱歌，参加过舞蹈社团，叫苦退出。小C喜欢手工和绘画，绘画作品让老师比较满意，手工方面用剪刀、美工刀不太精准。小C参加刺绣训练，有一定的作品，因为容易刺到自己的手，所以常常叫苦，说参加刺绣训练脖子很累。

在运动方面，小C的协调性有一定问题，家长反馈其有轻微脑瘫。小C跑步时左右摆手幅度略大于常人，在班级比赛中有一定的竞争意识，难以吃苦，曾经参加校运动队的轮滑训练，因为老是叫苦缺课被劝退，尝试过羽毛球和跆拳道项目，未坚持，无果。

综合小C的过往训练经历，可以得出结论，小C的潜能开发方向越少依赖于听力，越少依赖于精细动作的项目，她就越容易入门，学习过程越少感受到苦和累，她就越容易坚持，越有竞争性和趣味性的活动越容易激发她的动力。

什么样的活动能兼具这些特点呢？偏静态的棋类活动能满足这些条件。智力障碍儿童普遍的特点是学习持续性较短，记忆力较差，应用能力较低，学习的动机少出于自发，欠缺抽象思维，领悟力和理解力薄弱，学习转移能力不足，不能灵活运用所学的知识和技能。教这样的孩子下棋是很考验老师的耐心和信心的。

根据班主任的观察反馈，小C尽管很多时候听不懂老师的话，但她在数学课上表现出的智力程度是优于班级其他同学的，能进行拼七巧板等智力活动，因此棋类活动是较适合她学习的，她在生活数学课上有些过剩的智力潜能可以在棋盘上得到开发。

棋类项目有复杂的围棋、象棋和国际象棋，也有入门简单一点的五子棋、跳棋和国际跳棋，还有偏门一点的黑白棋等。通过调研了解各个棋种的特点和发展状况，以及通过尝试，我最后选定规则简单、攻杀激烈的国际跳棋作为小C的潜能开发项目。

二、潜能开发过程及策略

（一）营造宽松环境，引领学生轻松入门

1.认识棋具

国际跳棋棋具包括棋盘、棋子、棋钟等。因为小C并没有棋的概念，所以棋具最初就是以一个新玩具的面貌呈现。小C的潜能开发从2016年5月开始，我先摆好棋盘和棋子，然后用另一副棋让她照着摆，发现摆错的就提示她调整过来，经过几次调整，她就会自己摆棋盘棋子了。

棋钟也是重要的棋具之一，我开始试教她的时候没有用到棋钟，到大约一年后临参加比赛才学习用棋钟，小C对棋钟的认识从拍钟开始，

没有难度。她知道时间由裁判把握，后来她也渐渐学会了看棋钟上的时间变化和调整棋钟。

2. 操练棋规

国际跳棋开局所有的棋子都叫兵，走法就是斜向前一格，不能后退。兵遇到对方单个棋子阻挡时，可以跳过去把这个阻挡的棋子吃掉，可以连吃。兵走到或跳到对方底线就自动升为王，王可以后退，吃子距离不受限制。白方先走，交替行棋，堵死或吃光对方即获胜。对小C来说，她并不知道兵、王这些概念，她是跳过这些概念直接玩棋的，后来在教材上看到兵、王的字样，通过观察词语指示和反复实物演示，渐渐建立起概念的。

国际跳棋有三条棋规：一是有吃必吃；二是有多吃多；三是一次取净，不可重跳。前面两条是基础，用得比较多。第三条是很少出现的情况，只有高手才会利用第三条规则设置陷阱，所以小C入门阶段的学习主要是对前两条的练习和掌握。

学会棋规，就可以说会下棋了，就完成入门了。小C听不懂棋规讲解，只能在实操中学习。老师反复示范，她小心地尝试，老师通过给他点头、大拇指点赞或摇头、摆手、用手指棋盘格子等方式给予反馈。她学了几节课，渐渐对棋规有所记忆和领悟。

3. 熏习棋礼

棋礼的学习从正坐开始，握手说"请多多指教"，摆正棋子时说"摆棋"，结束棋局时再握手一次，说"谢谢"，有事商量时举手请示裁判，卜棋时不催促对手。对手机、手表需要进行静音设置，以及在对局和赛场内观棋时止语，保持安静，等等。

小C学习棋礼不难，跟着老师的示范一点点做，很快就理解了意思，并且做到了。她的难点是声音很小，说话不自信，开始的时候不习惯。经过几次示范、要求、鼓励、纠正，她习惯了，不介意自己的表达是否良好了。

4. 记录棋谱

棋谱的记录是入门的难点，尤其是手写棋谱。手写棋谱是国际跳棋高级别比赛的要求，因此虽然写棋谱也是入门知识，但我们是放在准备比赛的时候教的。棋谱又分成100格和64格，写法不同，100格好写一些，只有数字，没有字母，64格同时要写数字和字母，较难写。因为国际跳棋64格的节奏更快，一盘棋可以在一节课内下完、教完，所以小C练棋和写棋谱以64格为主。

学棋一年半以后，小C开始练习写棋谱，她写字慢，面对64格棋盘上的32个都有特定名字的黑格子，以及拼音和数字夹杂的命名标示系统一下子反应不过来，经常写错。针对她初学时对数字、字母反应不过来的状况，老师把棋盘的上下左右全写上数字和字母，方便她对坐标。另外，她常常把a和d，b和d搞混，于是老师在棋盘上大写字母的边上把小写字母也写上。这样就减少了她写棋谱时对脑力的依赖，降低了入门的难度。除了脑力分配的问题，她写字的手感也需要调整，开始时，她写字重，常常写破作业纸，通过画8字活化手腕和刻意把字写得很轻等专项练习，她写的棋谱渐渐能正常使用了。

根据小C的掌握情况，老师布置了一些写棋谱的作业让她周末在家抄写练习，通过几次作业练习，她掌握了写棋谱的技能，速度能跟上比赛节奏了，出错率越来越低，她写的棋谱也可以拿来看着复盘研究了。写棋谱是一个入门的知识点，也是棋艺提高的一个转折点，学会看棋谱就可以自学看棋书提高棋力了。

（二）构建多元体系，指导学生锤炼能力

1. 单人练习

提高棋力的关键是做题和反思，学习成熟的经验。做题有两种方式：一种是看书打谱，一种是看软件玩闯关游戏。小C两种方式都用。

她买了一本《国际跳棋基础练习题64格》，老师教了几题后，小C就可以自己慢慢看书做题了。另外，她一个人也可以在手机小程序上练棋，玩闯关游戏。这种练习在学棋整个过程中一直持续着。

2. 真人陪练

小C的陪练有老师、棋院教练、社团同学、家长志愿者、棋院其他学员，以及其他下棋时认识的朋友。启蒙教练逐步纠正她的知识性错误，同时模拟不同难度的对手陪她练习棋感，开始时让三四个子，允许她悔棋，之后逐渐提高难度，减少让子和悔棋，培养她的棋感和自信心。陪练是一个长期持续的练习方式。

学校棋类社团的成立，让她有了很多学棋的小伙伴，她通过努力打败了同学，通过同学的反馈来建立自信，她越来越喜欢下棋。她通过打败家长志愿者明白打败大人是可能的事，从而更有兴趣和信心坚持学棋。到后来她终于不再畏惧，勇于和棋院学员切磋。棋院教练打开她的战术思维，让她跳出常规的路子，感受更高的境界。

真人陪练有线上和线下两种形式，线下的比赛更真实，比线上的效果更好。各种比赛也有很好的真人陪练效果。

3. 打卡研习

打卡研习是高水平教练在微信群上组织的练习方式，包括定期在规定时间内完成教练指定的题目，在特定时间段和特定对手切磋并按要求反馈给教练。这种练习兼有单人练习和真人陪练的优点，效果也很好，但是资源不多，一般大赛前才有。

小C参加打卡研习是在具备一定水平之后才开始的，她的难点是无法与同学讨论，她一个人参加打卡说不清楚，只能找老师帮助。打卡研习是高手赛前的特训，题目比平时的更难，在这个过程中，她失去了在社团中的那种自信，也更加明白自己和其他学员的不同，开始有些动摇。经过老师的疏导、鼓励，她还是坚持了下来。

4.备赛指导

组建社团后，小C和其他同学开始参加社团内的比赛，后来又陆陆续续代表学校参加了几次比赛。每次比赛的形式和要求都不同，如时间、地点、分组、要不要写棋谱等。小C每次赛前都根据比赛规程的要求做适应训练。

写棋谱一般是市级以上比赛才有的要求，开始时小C很担心自己写不好，就会在赛前两周刻意练习写棋谱，通过反复练习，她基本能应付写棋谱的比赛了。如果遇到外地的比赛，我就和家长沟通食宿、行程和赛场环境适应等具体问题。

（三）借力比赛平台，帮助学生体验成功

1.校内社团比赛

2016年9月，小C参加校内社团后就经常参加练习赛。校内社团比赛有两种：一种是平时的练习赛，输赢不记录，自己知道结果就可以；另一种比赛会记录成绩、发奖状、接受校内所有学生的报名，是一种小范围的公开赛。小C所在学校有聋生，在一次校内比赛中她击败了聪明的聋生，建立了更强的自信心。

2.市级比赛

小C所在的市每年有五次全市范围的国际跳棋比赛，比赛地点在其他学校，对手是普校的孩子。2017年5月，第一次去比赛，家长和小C都很忐忑，小C怕输，家长怕丢脸。经过鼓励和陪伴，小C完成了比赛，还拼下了一局比赛的胜利，极大地增强了自信心。

走出特校的圈子后，她的棋力也开始加速进步，每次她比赛回来，我与她拆棋，能感受到她棋风的逐渐变化。三年来，小C陆陆续续参加了十几次市级比赛，从2017年5月首赛侥幸入围前八，到2018年经常入围前四，多次获得奖项，拿过奖状、奖牌、奖杯和奖金，非常开心。2019年5月，她破天荒地获得市冠军，小C的成绩得到棋协的认可，被

认定为市二级棋手。

3. 省级及以上比赛

经过市级比赛的几次锻炼，小C具备了打省级比赛的能力。省里每年有两次比赛，因为是在外地，参加难度较大，吃、住、行都需要适应。省赛的裁判团队和市赛不同，喜欢用粤语沟通，小C克服重重困难，完成了三次省级以上比赛，还收获了冠军奖杯。

省赛的组织更具规模，仪式感也更好。家长也顺便安排旅游，小C的积极性也更高。省赛的挑战是写棋谱的要求更严格，有一次比赛，小C因为棋谱不规范被要求补写，结果超时被判负。省赛之后小C还体验了全国比赛，2019年曾经入围全国智力运动会，面对更大的压力，挑战更强的对手，收获不同的经历和经验。

从2016年到2019年，经过系列大赛锻炼后，小C面对棋盘时有了一种淡定的气质，临场不慌，有时还故意让对手几步。同时，她明白了山外有山、人外有人，知道了国手的厉害。她不再满足于赢社团内的同学，开始自己寻找国际跳棋大师对弈的视频来观看、学习，综合能力得到进一步的提升。

三、潜能开发效果及反思

（一）潜能开发效果

对小C的潜能开发持续了三年多，小C从跳棋小白到省市跳棋冠军，从一个又聋又弱的多重残疾儿童蜕变成一个能打大赛的精英棋手。小C的潜能开发效果是史无前例的，其故事励志，成就卓越，远远超出老师和家长的期待，取得较好的社会反响。小C的家长对其刮目相看，一度不相信早期的智力评估结论，经过再次评估，确认其智力残疾为四级，家长对学校的满意度大大提高。虽然小C依然被评估为智力残疾，在普通学科的学习和社会适应上依然存在巨大的困难，但她没有注意缺陷和谱系障碍，她属于双重特殊儿童，她的特殊才能与残疾并存，可惜以往科任老师们更多的是看到她学习困难这一面，而忽视了她的特殊才能。

小C的学习能力比她学棋前提高了很多。她能在枯燥的棋盘前坐一两个小时，下棋时专注力极强，思考时也能想到好几步以后的棋，复盘时记忆力也进步很大，专心时能回忆出二十步左右的棋路，这说明她已经发展出初步的专家记忆能力，普通健全人未经训练也记不住这么多棋步。

小C整个人自信了很多，气质变好，不说话时很少有人看得出她是残疾人。她意志力顽强，不轻易放弃，输棋不再轻易哭鼻子，抗挫能力变强，对班级和团队更有责任感，成为校跳棋队的核心主力，在其他团体活动中也更积极地为大家服务，不仅个人获得省市冠军，还和同学一起多次获得团体奖项。

小C的沟通适应能力也好了很多，书面交流能力能满足日常生活需求。她去参加全国大赛的表现也赢得了对手和工作人员的肯定和尊重。在下棋活动中她结交了好几位棋手朋友，社交能力也上了一个台阶。

（二）反思

1.扬长教育助力双重特殊儿童潜能开发

人的智能是多元的，整体智力偏弱的学生也有可能藏着一项极具开发性的智力潜能。人的各项智能有长有短，在教育实践中，不能一味只盯着特殊学生的残疾进行功能补差，要注重扬长教育，这对双重特殊培智学生的潜能开发具有积极意义。小C的其他能力都偏弱，多重残疾的现状限制了她在其他领域的智能发展。小C的数理逻辑智能在普通的生活数学知识教学中也有一定优势，但远远不如她在跳棋活动中的突出。适合的智能需要匹配适合的活动，其智能潜力才能结出奇迹般的果实。

2. 智障学生参加智力性竞赛是有益的

小C的例子说明智力残疾人是有机会成为智力运动员，并取得较好成绩的。国际跳棋等智力类竞赛有益于残疾学生的智力和心理成长，能在一定程度上激发出学生的潜能。不经过持续的竞赛，谁也不知道小C这么能打。小C并不是一个人在战斗，她的同学和伙伴也有很多获奖、获益的。在小C的个案出现之前，智力障碍儿童被认为不可能在智力竞赛中打败普通学校的优秀学生，更别提夺冠，小C的老师还遭到别人的嘲笑。小C的个案打破了这种成见，也提示了教育工作者，老师们的观念会限制特殊孩子的能力发展。在学生中，究竟还潜藏了多少个小C这样的能在某个特殊领域超越普通健全人的孩子在等待发掘呢？

3. 个性化的课程支持非常重要

国家教材、地方教材、校本教材都没有收入国际跳棋的内容，因此现有的教材课程体系应该更完善。小C的成功说明可以有更丰富的活动补充到现行教材中，学校可以开展更多元的社团活动，支持更多学生的发展。对于小C这样既有特殊天分又有多重残疾的学生，平时能发展优势能力（如好奇和推理能力）的机会较少，需要个性化的课程才能得到支持。

4. 高素质的教师对特殊儿童潜能开发极其重要

小C的成功契机在于恰好遇上了一位了解国际跳棋、有棋类特长的老师，对小C做了启蒙，放下学校和家长的支持以及自身的努力不说，没有这位老师突破常规的启蒙，小C就没有机会入门，也就没有小C后来的成功。

5. 良好的家校合作对孩子的教育极其重要

有部分残疾学生的家长因忙于事业或照顾第二个孩子，而忽视了对特殊孩子的教育，或者因孩子有残疾，家长就过分呵护、照顾孩子，剥夺了孩子独立面对生活、独立解决问题的能力，本个案的家长开始时也是这样，后来完全信任和配合老师，良好的家校沟通为孩子的成长提供了强大的支持。

参考文献

［1］朴永馨，顾定倩，邓猛.特殊教育辞典［M］.3版.北京：华夏出版社，2015.

［2］邹佛生.国际跳棋初级教程：百格篇［M］.天津：天津教育出版社，2008.

［3］胡明兵.融合多种教学手段开发智障学生潜能［J］.绥化学院学报，2012（2）：17-18.

［4］张捷，郑建伟."心""跳"的亲密接触——论国际跳棋运动与小学生心理成长［J］.中小学心理健康教育，2015（1）：41-43.

专题 ❸ 且行且思

行走在特殊教育的道路上,学生多元的特质可能会让老师偶有踟蹰与迷茫之感,能够持续充满希望与激情地行走在此条道路上,相信每一位同行者都在思考如何更好地帮助学生建立所需的素养与能力,同时提升教师自身职业获得感与幸福感。

加强教师职后培训提升融合教育素养

——以深圳市为例

深圳元平特殊教育学校　但瑰丽

让特殊学生进入普通班级学习的融合教育已经成为全球特殊教育的发展趋势。我国融合教育的主要形式是随班就读，随班就读是西方融合教育的形式与我国特殊教育实际的结合，是具有中国特色的融合教育。

随着融合教育的大力推行以及融合教育的政策法规日益完善，越来越多特殊学生进入普通学校随班就读，特殊学生入学率大大提升。根据2019年全国教育事业发展统计公报，我国在校特殊学生共有794612人，其中随班就读学生和特教班学生共394370人，占特殊学生总数的49.65%。随班就读规模的扩大，给普通学校课堂带来了巨大的挑战，甚至出现了"随班坐读""随班混读"随班就读学生"回流"等现象。

目前我国融合教育正处于从规模效应走向质量提升的过渡阶段，已经从注重特殊学生的入学率发展到关注融合教育的质量。尽管影响融合教育发展质量的因素很多，但融合教育的实施主体是广大教师，因此教师具备融合教育相关的素养即融合教育素养就成为关键。王雁教授在总结国内外融合教育研究成果的基础上，将教师的融合教育素养分为专业态度、专业知识、专业技能和获取支持能力四个方面，认为培养教师的融合教育素养是提高我国融合教育质量的关键举措。培训是影响随班就读教师专业素养的重要因素。有研究显示，教育培训中的特殊教育相关经历是影响教师对融合教育态度的关键因素，培训经历有助于提高教师对融合教育的熟悉度。2020年6月，教育部发布《关于加强残疾儿童少年义务教育阶段随班就读工作的指导意见》，提出要"大力开展随班就读教师培训，将特殊教育通识内容纳入教师继续教育和相关培训中，提升所有普通学校教师的特殊教育专业素养"。

汪海萍调查了我国137所师范院校，发现已开设特殊教育必修或选修课程的仅19所，占调查对象总数的13.9%。由于融合教育教师素养职前培训的严重缺乏，职后培训就成为当前我国提升教师融合教育素养的主要途径。

一、深圳市教师融合教育素养职后培训的现状

2015年是深圳市融合教育发展进程中具有重要意义的一年，《深圳市特殊教育提升计划（2015—2016年）》（《第一期特教提升计划》）中明确要求在加快特殊教育学校建设的同时，完善随班就读保障机制。短短几年，深圳的特殊教育学校从原有的1所增加到了8所，全市先后确定了100多所随班就读定点学校，并配备了资源教室。

2016年，为了加快推进特殊教育发展，深圳市特殊教育指导中心在深圳元平特殊教育学校成立挂牌，发挥特殊教育专业资源在深圳市特殊教育发展中的指导、研究、培训、服务等作用。特殊教育指导中心的主要职责之一就是"指导全市特殊教育教师队伍培训"，坚持以促进特殊学生的发展为本，以促进深圳市特殊教育融合发展为目的，以树立教师的融合教育意识、提高教师的专业能力和水平为培训重点，组织开展了一系列培训活动。经过六年的沉淀与积累，深圳市教师融合教育素养的

职后培训逐渐形成自己的特色。

(一) 精准培训，逐步构建教育共同体

职后培训立足于"融合"，培训的对象不仅包括直接面对随班就读学生的普通学校随班就读教师与资源教师，同时涵盖特殊教育管理干部、特殊教育教研员、普通学校分管随班就读工作的校领导，也包括特殊学校、特教班教师，培训力求做到全面覆盖参与融合教育相关工作的各级各类人员。

职后培训根据培训对象在融合教育中承担的工作内容与岗位需求不同，提供相应的培训，实施精准培训。对特殊教育管理干部、分管领导的培训侧重于对特殊教育理念、融合教育理念方面的培训，使其更新观念，树立融合教育意识；为特殊教育学校教师与特殊班教师组建实践跟岗培训班，让其走进自闭症学生、智力障碍学生和脑瘫学生的教室，一对一跟随带班教师，观摩学习真实课堂；对普通学校随班就读教师与资源教师主要提供学区资源中心建设及运行指导、资源教师的基本素质、学校融合工作流程与小组活动的开展等方面培训。

自2016年以来，深圳市特殊教育指导中心共承办了五期教师融合教育素养的职后培训，组建10个培训班，培训对象达580余人次，实现以点带面，发挥这群骨干教师的传、帮、带作用，打造一支理念先进、实践能力强的融合教育队伍，逐步构建教育共同体，为提高深圳市融合教育教学质量提供有力保障。

(二) 拓宽渠道，创建多元支持体系

1. 建立项目团队，提升教研合力

充分发挥深圳元平特殊教育学校在全市融合教育中的示范引领作用，发挥学校在特殊学生教育教学、教研、科研等方面的专业化优势，吸纳特殊教育名教师、名班主任建立项目团队，提升教研合力，将良好的教育教学经验向各区新特殊教育学校、特殊班及普通学校辐射。一是特殊教育指导中心以深圳元平特殊教育学校为培训基地，通过专题讲座、座谈会的方式，与培训学员分享了特殊教育学校建设与管理经验，针对特殊教育课程建设与教材使用等方面的经验与培训班学员进行座谈。二是发挥团队中省市级名师、名班主任的示范引领作用，不定期向其他省市特殊学校、深圳市特殊教育学校及普通学校提供专业指导。例如，深圳市优秀班主任、师德标兵邓永兴老师就自闭症儿童行为问题和教育教学策略向培训班的学员做了专题分享；广东省正高级教师、深圳市地方领军人才陈丽江老师多次应邀在其他学校分享优秀的教学经验、担任教学比赛评委，助力青年教师的专业成长。

2. 外引内联，开阔专业视野

采取"内引外联"培训模式，将请进来与走出去相结合，开阔教师专业视野，全面提升教师的融合教育素养。"内引"通过把专家请进来的方式，集中做好深圳本地的培训，组建本地培训班，邀请国内特殊教育专家、一线优秀融合教育教师来深圳，集中时间和地点开设专题培训。"外联"是建立与外地高校、特殊教育指导中心及随班就读学校的联系，将培训班成员送出去学习。例如，与我国特殊教育师资雄厚的高等院校建立联系，有组织地选送教师至北京师范大学、重庆师范大学等院校系统地学习特殊教育理论；组织部分教师赴北京市海淀区的清河中学、玉泉小学和朝阳区的石佛营小学、团结湖二小等多所融合教育学校学习，认真倾听各学校融合教育主任和教师的经验介绍，观摩优秀课例，参观多所学校的资源教室。共有4个培训班赴外地学习，其中赴重庆学习的学员有80人次，赴上海学习的学员有82人次，赴北京学习的学员有140余人次。

（三）统筹兼顾，坚持综合性与实践性的统一

1. 综合性

综合性是以全面提升教师的融合教育素养为主线，科学规划每一期

的培训主题与内容。培训主题从第一期的特殊教育理念提升到第五期关注特殊需要学生情绪与行为问题应对能力,培训的内容包括相关政策解读、课程建设、教材使用、班级管理、学区资源中心建设及运行指导、资源教师的基本素质等理论方面,还安排培训班学员参加教学跟岗实践活动和特殊教育相关功能教室区域的观摩,使学员们能更全面地了解融合教育,提升融合教育综合素养。

2. 实践性

实践性是指以教师在教育教学实践中经常遇到的问题为导向,培训中将案例讲授与现实情境下的实践操作相结合,提高教师的实践能力。例如主要面向普通学校随班就读教师和资源教师的第五期培训,主题是"特殊需要学生情绪与行为问题应对能力提升",在"我和进进的故事"这个案例的讲授后,金晶博士设置实践环节,学员们进行小组研讨,立刻运用培训中学到的方法和策略来解决特殊学生出现的情绪与行为问题。

从理念提升到课堂实践,从课程建设到班级管理,从宏观的特殊教育理论到微观的情绪行为问题应对,统筹兼顾,坚持综合性与实践性的统一,帮助教师在提升理念、习得知识的基础上掌握融合教育的实践技能。

各期教师融合教育素养职后培训信息见表1。

表1 各期教师融合教育素养职后培训一览

期数	时间	地点	培训主题
第一期	2016.06	深圳	特殊教育理念提升
第二期	2017.11	重庆	融合教育理念提升
	2017.12	深圳	
第三期	2018.12	北京	聚焦融合教育和关注资源教师发展
第四期	2019.11	上海	聚焦特教课堂和提高教学质量
	2019.12	北京	

续 表

期数	时间	地点	培训主题
第五期	2020.12	深圳	特殊需要学生情绪与行为问题应对能力提升
第六期	2021.10	深圳	特殊需要学生个别化教育计划
	2021.11	深圳	聚焦特教班主任工作能力提升

二、融合教育素养职后培训取得的成效

（一）为教师注入融合教育新思想、新理念

在融合教育相关的教师中，除了部分特殊教育专业的教师，还有大量的非特殊教育专业教师，如心理、康复、职业教育、语数英等学科专业教师。这部分教师职前几乎都未接受过特殊教育相关的培训，尤其需要通过培训来注入融合教育新思想、新理念。在接受深圳市特殊教育指导中心组织培训后，有随班就读教师反馈道："作为一名非特殊教育专业的老师，首次接触特殊教育方面的专业知识，我既感到新鲜又有些如饥似渴。"还有随班就读科任教师表示："相较学到的知识，更能够给我们带来提升的是新思想、新理念。"

（二）为融合教育教学提供了行动指引

随班就读学生与普通学生有较大的差异，他们在学习中都存在着不同类型或程度的障碍，有的学生听不清，有的学生看不清黑板板书，有的学生出现注意力不集中、多动等行为。在一体化课堂中，如何兼顾普通学生和随班就读学生的学习需要，这是困扰许多教师的现实问题。理论讲授与案例实践相结合的培训，为教师开展融合教育教学提供了行动指引。宝安区某教师在学习心得中写道："本次培训，我觉得最大的收获在于学习了可操作性较强的行为分析理论。"教师们在理论和实操中学会了如何解决特殊学生的情绪、行为问题。

（三）为全面开展培训工作积累了丰富经验

在深圳市第一期和第二期特殊教育提升计划的指引下，在深圳市政府、教育行政部门与所有学校的支持下，经过六年的沉淀与积累，深圳市教师融合教育素养的职后培训实现了从无到有、从有到优的跨越，为全面开展培训工作积累了丰富经验。培训对象的类型不断增加，从教研员、学校管理干部到一线随班就读科任教师，培训越来越面向普通学校教师；培训的内容更加深入，从理念提升深入到品味课程，从理论学习延伸到情绪、行为问题等案例应对；培训的评价制度日益完善，采用质性评价与量化评价相结合的方式，及时反馈培训的成效，为提高培训的针对性与实用性提供参考。

三、融合教育素养职后培训的展望

（一）强化职后培训的机制

在普通学校教师融合教育素养职后培训上，我国尚未形成从法律到规范性文件的完整政策保障链，对教师参与融合教育素养职后培训的支持有限。2021年8月出台的《深圳市促进特殊教育公平融合发展行动方案》，明确提出"对所有特殊教育学校、特殊教育资源中心巡回指导教师及随班就读资源教师实行5年一周期不少于360学时的全员培训，建立随班就读班主任、随班就读学校普通教师和送教上门教师必修特殊教育课程制度"。

但目前对随读就读教师参加融合教育素养的培训如何开展还没有具体要求，对参与培训的教师缺少具体的支持细则。随班就读规模的扩大，对融合教育教学质量的关注，培训对象将越来越面向普通学校全体教师。但是对于学校和随班就读教师来说，一两周的外出学习必然会影响正常的教育教学工作，自愿参加培训学习的动力不足。因此，关于教师融合教育素养的职后培训，从政策上需要更具体的支持细则，需要形成规范的培训制度，如培训的针对性与实效性如何保证，普通学校如何为参与培训的随班就读教师提供支持，等等。

（二）完善培养模式与内容

目前深圳市教师融合教育素养的职后培训在集中时间内以专家讲座、团队参观等方式展开，时间比较固定，每年度的培训主题也比较固定，在培训内容上没有对特殊学校教师与普通学校学校教师、随班就读教师与资源教师、新教师与资深教师进行区分，难以满足不同类别不同层次教师专业成长的需求。因此，可以进一步完善融合教育素养职后培训的模式与内容。

成立融合教育调研团队，通过问卷和访谈进行深入调研，按照理念与态度、融合教育知识、融合教育能力、获取支持的能力等维度，深入了解全市融合教育相关教师的融合教育素养状况，收集融合教育实施中教师遇见的困难与困惑，了解教师职后培训的需求，进一步优化培训模式与内容。例如，将教师融合教育素养的职后培训纳入教师继续教育培训计划，开发一批融合教育相关的继续教育课程，将线下学习与线上学习相结合，教师可以根据自己的工作需要与时间灵活选择。

（三）搭建特殊教育融合发展平台

融合教育既是特殊学生与普通学生的融合，也是普通学生与特殊学生的融合。融合教育在很大程度上不再单纯是特殊教育的问题，普通教育是融合教育得以顺利开展的关键力量。融合教育质量的提高，教师融合教育素养的提升，需要多方面通力合作。融合教育培训长期有效地开展，需要从政府到教育行政部门再到学校自上而下的支持，需要特殊学校与普通学校的交流合作，需要特殊学校教师、资源教师与随班就读教师的相互配合，需要社区与家庭的配合，共同搭建特殊教育融合发展平台。

参考文献

[1] 邓猛,苏慧.融合教育在中国的嫁接与再生成:基于社会文化视角的分析[J].教育学报,2012,8(1):83-89.

[2] 中华人民共和国教育部.2019年全国教育事业发展统计公报[EB/OL].(2020-05-20)[2020-10-10] http://www.moe.gov.cn/jyb_sjzl/sjzl_fztjgb/202005/t20200520_456751.html.

[3] 刘赛君,许小明.加强随班就读管理 提高随班就读质量[J].现代特殊教育,2004(7):64-65.

[4] 邓猛,赵泓.新时期我国融合教育现状和发展趋势[J].残疾人研究,2019(1):12-18.

[5] 王雁,范文静,冯雅静.我国普通教师融合教育素养职前培养的思考及建议[J].教育学报,2018,14(6):81-87.

[6] 王雁,黄玲玲,王悦,等.对国内随班就读教师融合教育素养研究的分析与展望[J].教师教育研究,2018,30(1):26-32.

[7] 王雁,王志强,冯雅静,等.随班就读教师专业素养现状及影响因素研究[J].教师教育研究,2015,27(4):46-52.

[8] 李学会,陈丽斌,张凤琼.普通中小学教师对融合教育的态度及影响因素研究[J].现代特殊教育,2019(16):60-67.

[9] 汪海萍.普通师范院校特殊教育课程开设情况的调查[J].中国特殊教育,2006(12):13-17.

[10] 徐思思,徐露羲,王雁.我国普通学校教师融合教育素养职后培训的政策支持[J].绥化学院学报,2019,39(1):10-14.

[11] 张悦.国外融合教育中特殊教育的支持与服务[J].绥化学院学报,2013,33(1):70-74.

文化自信背景下中国传统礼仪文化融入培智学校教育的研究

深圳市宝安区星光学校　高燕玲

一、问题的提出

党的十九大报告指出，"没有高度的文化自信，没有文化的繁荣兴盛，就没有中华民族伟大复兴"，强调文化自信是一种"更基本、更深沉、更持久"的力量。中华民族文化自信很大程度来源于博大精深、源远流长的中华优秀传统文化。习近平总书记在主持中共中央政治局第十三次集体学习时指出："对传统文化要有鉴别地加以对待，有扬弃地予以继承，处理好继承和创造性发展的关系，重点做好创造性转化和创新性发展。"2016年11月30日，习近平总书记在中国文联十大、中国作协九大开幕式上的重要讲话中指出："使中华民族最基本的文化基因同当代中国文化相适应、同现代社会相协调。"从"两有"到"两创"，再到"两相"，这一系列方法和途径的成功提出，无不充分体现了一位优秀的马克思主义者对待中国传统文化的正确态度，体现了党中央的战略思维能力，为中国特色社会主义核心价值观建设提供了重要的思想资源，为彰显文化自信提供了有力的理论支撑，为实现文化现代化提供了坚实的实现路径。2017年初，中共中央办公厅、国务院办公厅印发的《关于实施中华优秀传统文化传承发展工程的意见》提出："文化是民族的血脉，是人民的精神家园。""十四五"规划也明确指出要"传承弘扬中华优秀传统文化"，"提升国民素质 促进人的全面发展"。由此可见，中国传统文化是新时代中国文化建设的真理指南，是实现文化现代化、形成适应中国特色社会主义文化模式的价值遵循。

传统礼仪文化是中华民族优秀传统文化的重要构成部分，是中华民族文化之精髓，在培智学校教育中具有独特的优势，突出表现为对特殊学生文化自信的培育作用。本研究在文化自信背景下，立足中国传统礼仪文化融入培智学校教育的现状，梳理其存在的问题，分析其主要原因，并探索解决问题的具体路径，评估其成效，为后续更好地开展培智学校教育工作提供改进方向。

二、中国传统礼仪文化融入培智学校教育的现状

培智学校严格遵循特殊学生个体的身心发展规律，立足于特殊学生的多元化发展要求，实施具有针对性的教育和康复方法，旨在教导他们掌握生活常识、习得生活技能、发展生活适应能力，从而提高他们的生活质量。但在教育实践中，培智学校往往过分强调"技能发展"，而忽视了"素质培养"，尤其是对特殊学生的"礼仪教育"，进而影响特殊学生融入社会、适应生活。

（一）社会传统观念对中国传统礼仪文化融入培智学校教育的阻碍

当提到培智学校、特殊学生等字眼，很多人理所当然地认为他们身心残缺、灵智未开，从而间接地认为他们不需要学习或者学不会传统礼仪文化。这种传统观念对培智学校和特殊学生充满了抵制和排斥，阻碍了中国传统礼仪文化融入培智学校教育的进程。

（二）培智学校对中国传统礼仪文化的重视程度不足

中国传统礼仪文化经过上下五千年的锤炼和积淀，内涵丰富，但其长期被忽视，导致出现礼仪教育资源匮乏、礼仪教育师资短缺、礼仪教育学习氛围不足等问题。据不完全统计结果显示：几乎没有一所培智学校将礼仪文化教育作为专门的课程要求所有学生学习，礼仪文化教育仅在小部分学科教学或德育活动中渗透，并未系统化。由此可见，培智学校并未重视中国传统礼仪文化的教育。

（三）培智学校教师对中国传统礼仪文化教育知识的欠缺

研究者通过调查了解到：培智学校的教师几乎都是接受过高等教育的学士、硕士甚至是博士，具有丰富的专业知识和深厚的技术底蕴，但形象不佳、言行无状等现象依然存在，说明其礼仪素质尚有欠缺；教师们普遍很少系统地学习礼仪文化知识，他们只是通过网络、书籍、电视节目等途径零散地学习，也没有接受过礼仪培训，大部分教师连《弟子规》《三字经》《孝经》等经典礼仪著作都未读过。由此可见，培智学校教师对中国传统礼仪文化知识的欠缺，导致带领学生学习和推广礼仪文化知识存在一定困难。

（四）培智学校校园环境缺乏进行中国传统礼仪文化教育的氛围

如上所述，培智学校并未重视中国传统礼仪文化的教育，长此以往，其校园环境则缺乏相应的礼仪文化氛围。学生在许多重要的校园仪式和庆典中感受不到仪式感、庄重感和荣誉感，缺乏精神熏陶，学习和传承中国传统礼仪文化自然困难重重。

因此，亟须在培智学校教育中积极开展传统礼仪文化教育，探索培育中国传统礼仪文化与培智学校教育有机结合、共存、共生与发展的路径，促进中国特色社会主义核心价值观的理论内化和实践外化，对特殊学生树立社会主义文化自信、传承和弘扬中国特色优秀传统礼仪文化、培育中华民族精神等均具有非常重要的现实意义。

三、中国传统礼仪文化融入培智学校教育的路径

将中国传统礼仪文化融入培智学校教育，需要我们充分发挥各方力量，合理利用线上、线下资源，积极搭建校内、校外平台，依托学校课上、课下等多种载体，在家长的配合和社会的支持下，构建"学校—教师—家长—社会"四位一体的协同育人机制，从而促进特殊学生的全面发展。

（一）学校重视

办学理念影响着学校发展的格局。在培智学校中传承和推广中国传统礼仪文化，首先需要学校的重视和支持，将学生的礼仪文化教育纳入学校发展格局，自上而下进行推广，方能有效实施；其次需要学校转变培养观念，将礼仪素质作为培养学生的一项重要指标，并纳入培养质量的评价体系；最后需要教师通过参加培训或自学等形式加强礼仪文化知识的学习，提升自身礼仪素质。同时，学校做好配套工作，开展"礼仪模范教师评选活动""教师礼仪形象大使评选活动""教师礼仪知识竞赛"等激发教师学礼、知礼、习礼、守礼的自觉性，并在教师招聘或教学质量考核时把"礼仪素质"作为一项重要指标。

（二）教师主导

将中国传统礼仪文化融入培智学校教育，应该充分发挥教师的主导作用，从其教学观念、课程内容、教学条件以及教学技术手段等各方面加以改革。

第一，革新教学观念。教师应革新"把传递知识作为课堂教学的唯一目的"的教学观念，将传统礼仪文化与课堂教学的各个环节相融合，以己为范，让学生在潜移默化中感受传统礼仪的魅力。例如：师生上课前互相行礼、问候；教师课中提问学生使用"请"字，学生在课中回答问题先起立鞠躬问好；师生下课时互相行礼、道别；等等。

这些活动无不体现了师生互相尊重的良好品质，既激发了学生学礼、知礼、习礼、守礼的兴致和热情，又让其在此过程中感受到被尊重的快乐，进而对礼仪产生强烈的认同感。因此，培智学校教师应参照我国的传统礼仪，并结合学生生活实际，细化、躬行"三礼四美十仪"，让学生在观察、模仿或学习中接受礼仪的熏陶，从而规范自身的言行表现。

第二，创新教学内容。从学礼到知礼，再到习礼、守礼，这是一个循序渐进、螺旋上升的过程。教师应根据学生的年龄特征、礼仪素养要求创新第一课堂的教学内容，为每一名学生提供学习礼仪的机会，并将传统礼仪文化知识与特殊学生职业发展需求相结合，立足其职业特点教授相应的职业礼仪知识，为其未来职业发展奠定基础。同时，教师应围绕我国优秀传统礼仪文化的弘扬与传承创新第二课堂活动的内容，设计各种活动形式，如师生共读、亲子互阅、以评促读等，激发学生对诵读优秀礼仪文化经典、掌握优秀礼仪知识的兴趣。

第三，创设教学环境。相关研究表明：美好的仪式可为事物赋予特殊的意义，给人的心灵带来触动，进而影响人的行为。校园活动中的仪式感可以带给学生内心的富足和平静，学生在仪式中能够获得激励，能更深入地感受校园生活和学习乐趣。因此，培智学校除了开展第一、二课堂之外，还应充分利用开放多元的校园环境营造浓郁的礼仪学习氛围，对学生进行礼仪文化的熏陶。例如：增强校园活动的仪式感。学校应在新生入学、学期开学、学生毕业、儿童节、教师节等重要日子举办隆重仪式，通过设计规范化的仪式流程，让学生增强仪式感和庄重感。再如：提高日常活动场所的体验感。礼仪作为日常人际交往中逐渐形成的一种约定俗成的行为规范，源于生活，用于生活。学校把日常礼仪行为规范和要求纳入学生守则，并依托宿舍、食堂、教室、功能室等日常活动场所，将"学"与"做"有机结合起来，循序渐进地推进学生学礼、知礼、习礼和守礼的过程，帮助他们养成良好的礼仪行为习惯。同时，学校可将传统礼仪图文、礼仪行为图、礼仪小标兵等素材资源做成展板，在学校特定区域（如楼梯、电梯等）展示，或悬挂在走廊两侧，打造学校独具特色的礼仪长廊。又如：营造评先争优求进的紧迫感。各个班级组织开展"我是礼仪小标兵"的评比活动，将"三礼四美十仪"要求粘贴到文化墙上，每周进行一次评比。学生每达到"三礼四美十仪"中的一项要求，就得到一个代币，积满十个代币即可被选为本周"班级礼仪小标兵"，并可兑换奖品。

第四，改革教学手段。开发线上平台，提供多种学习礼仪文化知识的途径。一方面，教师可以充分利用官方宣传平台或自行开发专门的软件，突破线下时空限制，为广大学生提供线上学习礼仪的信息资源；另一方面，教师可以面向学生和家长开展礼仪类的微故事、微照片、微视频等征集活动，定期摘选优秀的礼仪案例在平台上推送，树立礼仪学习的标杆，以此激发大家的学习兴趣。

（三）家长配合

《左传·文公二年》所言"孝，礼之始也"，阐明了孝道是个体学习礼仪的基本。学生的礼仪教育，应始于家庭，源于父母。但在当下的家庭教育中，父母往往过分宠溺、放任孩子，缺乏对孩子的孝礼教育。因此，学校应把礼仪教育和家庭孝礼教育密切结合起来，充分发挥家庭力量，调动家长积极性，让家长与学校协调一致，形成强大的教育合力。例如：学校定期向家长汇报学生在校的学习与日常生活情况，并在节假日期间开展孝礼等宣传活动，让学生为自己的父母做一些力所能及的事情，达到"父母呼，应勿缓；父母命，行勿懒；父母教，须敬听；父母责，须顺承"等教育效果。家长则应及时向学校和教师报告孩子的变化、遇到的难题等。教师将在第一时间提供相应的指导建议。这一过程既能增进父母与子女的情感互动，又能增强家长对学校和教师的认同感。

（四）社会支持

社会是学习礼仪的大课堂，可为学生提供更多学礼和习礼的机会。一方面，家长应带领孩子参与社会活动，如社区庆典活动、社区环保活动、社区献爱心活动等，让学生将礼仪学以致用；另一方面，学校应充分利用各级各类社会资源，如通过与同行学校、社会机构等合作举办融合活动等，为学生创造更多的习礼机会。只有通过不断地实践，方能巩固和强化礼仪知识。

四、中国传统礼仪文化融入培智学校教育的成效

"不学礼，无以立。"教育的目的是培养人，应注重对学生个人礼仪素质的培养。礼仪教育已成为提升中小学生礼仪修养的关键。实践证明：将中国传统礼仪文化融入培智学校教育实践，落实到每一个班级以及每一名学生当中，在很大程度上推动了培智学校教育教学活动的开展，不仅有助于特殊学生了解和传承中国优秀传统文化，还有效规范了他们的外在行为，提升了他们的内在修养，使他们成长为具备"有爱心、懂礼貌、明事理"等优秀道德品质的人。

当前，我国已经实现"建党一百周年"的崇高理想和远大奋斗目标，但仍然承担着"建国一百周年"的重要历史使命。我们必须充分掌握中国传统文化的内涵，了解其特点，重视其在当代的价值。礼仪教育是其中一项重要而又繁杂的工程。在培智学校传承和弘扬中国传统礼仪文化，一定要做到在传承中创新、在创新中发展，根据学情、校情的实际需求，取其精华融入培智教育的全过程，保证其持续性，陶冶学生心志，滋养学生心灵，最终实现内化于心、外化于行的礼仪教育效果，不负国家"礼仪之邦"的美称。

参考文献

［1］李程骅.文化自信［M］.南京：江苏人民出版社，2018.

［2］陈晶莹.习近平关于文化强国建设战略思想研究［D］.杭州：浙江大学，2018.

［3］中华人民共和国国民经济和社会发展第十四个五年规划和2035年远景目标纲要［N］.人民日报，2021-03-13（1）.

培智学校有效开展家校互动工作的实践研究

深圳市福田区竹香学校　李从军

开展有效的家校互动,是提高培智学校办学质量的必然要求。培智学校教师可以从情感和技术的角度着手,将家长的力量纳入智力障碍学生的教育工作,形成良好的家校互动,使家校双方形成合力,共同促进孩子的进步。具体而言,一方面,教师要让家长从心理上感受到来自学校和教师的接纳,在教育孩子的过程中感受到自我价值的实现;另一方面,教师要给家长传递实实在在的可行性教育理念和手段,帮助家长解决养育过程中的难题。

一、真心真情接纳,夯实情感基础

一般来说,特殊儿童的父母在生活中要比普通儿童的父母遭受更多的曲折和心灵创伤。他们在与任课教师沟通自己孩子情况的时候,有可能会出现一些片面、偏激或者冷漠等负面的语言或态度。这些语言和态度有时候甚至会给热心肠的教师浇一盆凉水,对教师的工作情绪和态度产生消极影响。面对这样的情况,培智学校的教师需要包容他们的性格、态度、教育观念等，理解他们可能在生活中遭受的不幸。恰如特殊教育所倡导的"多元、包容、全纳"等理念，要认识到每一个孩子都是独一无二的。每一位家长也是如此，他们同样应该被教师从心理和情感上无条件接纳。这种包容和接纳，很大程度上包含了他们身上存在的那些负面因素。

家校互动的核心在于双方形成合力，协同促进孩子的发展。当每一位家长感受到来自教师和学校的真心接纳，感受到自己的孩子是被学校和教师真正关心时，家校互动的心理和情感基础才能被建构起来，家长才能从以往的心理深井中走出来，有效的家校互动工作才能真正开展起来，这是有效开展家校互动最重要的前提。

二、创造参与机会，感受自我价值

很多时候，学校开展需要家长参与的活动会成为家长的生活和心理负担，这很大部分的原因在于家长在很多时候是处于一种被动参与的状态，活动不但需要占用家长的工作和休息时间，家长在整个过程中也会显得没有什么参与感。培智学校的家校互动需要对学生家长有比较充分的认识和了解，知道他们实际需求与擅长的方面，这样在实际开展活动的过程中才能取得更好的成效。首先，家校互动建立在学生家长的实际需求之上。不管是什么样的需求，当他们的需求得到及时回应时，他们就能够充分感受到自己是被尊重和重视的。其次，创造家长深度参与的机会。教师在了解家长所擅长的方面后，可以邀请这些家长利用自己的才能充分参与学校的各项活动，而不仅仅是在平时例行的家长会等活动中作为一名"听会人""看会人"和"陪会人"。例如，一位妈妈很善于整理衣物，教师完全可以向这位妈妈"求助"，请求她向智力障碍学生传授整理衣物的技巧。由于培智学校的学生和普通学生能力有差异，这时候她就需要去想办法了。这就好比是家长的"最近发展区",家长有解决这个问题的基础,又能够通过努力克服一定的困难,在教会孩子们技能后,家长也会收获巨大的喜悦,感受到自身的价值。最后,在充分了解家长的心理需要的基础上,寻找满足这种需要的方法。当家长的心理需要被满足时,他们对自我的价值感受会更深。

三、传递正确理念,引导科学育儿

特殊儿童家长了解特殊儿童认知、情感、意向是他们进行科学育儿的基础和保障。一般来说,特殊儿童家长对儿童态度的形成与转变要经过反对与服从、拒绝与认同、平静与内化三个阶段。然而,受自身素养、社会接纳态度等因素的影响,不少家长难以对特殊儿童形成正确的态度。他们有的否认孩子残疾的事实,病急乱投医,成为投机倒把者的"猎物",造成人财两空的悲剧。有的对孩子采取不科学的治疗手段,反而对孩子的身心造成进一步的伤害。此外,特殊儿童的遭遇还让很多家长有一种愧疚感,于是他们在生活中都会无条件去满足特殊儿童的各种要求,养育行为走向"溺爱"的歧途。

培智学校的教师作为专业人员,需要向特殊儿童家长传递科学的育儿理念,帮助家长理性分析特殊儿童的优势、潜能以及缺陷,为孩子的未来做正确的定位和规划。首先,教师要利用好家长资源。培智学校有大量的优秀家长代表,他们身上有很多的教育故事,这些故事又能够很好地让其他家长产生共鸣。教师可以定期邀请这些家长代表对自己的育儿理念进行分享,分享成功的经验与失败的教训,通过实际案例对其他家长产生影响。其次,教师可利用为学生制订个别化教育计划的契机,和家长一道准确、全面地了解和分析特殊儿童的优势和缺陷,让家长发现自己过去未曾发现的孩子的优势,并帮助他们看到这些优势所呈现出来的未来前景。最后,教师在理性分析学生的优势与缺陷的基础上,为学生的发展制定长短期目标，尤其是短期目标的制定，能够在较短时间内让家长看到特殊儿童的变化，通过这种发展目标的达成来影响学生家长的育儿理念。

四、传递教育技巧，解决疑难问题

对于有些特殊儿童家长来说，他们已经逐渐能够接受自己孩子残疾的事实。但是，特殊儿童在生活中的情绪和行为问题会实实在在地困扰他们，同时这是阻碍特殊儿童难以融入普通人群的重要因素，这也是很多特殊孩子无法进行随班就读的重要原因。有研究指出，当普通儿童的家长认为自己孩子的切身利益没有受到太大的负面影响时，他们对特殊儿童的态度较为积极。这些切身利益就包括了特殊儿童的情绪和行为问题是否会干扰，甚至是伤害到自己的孩子，是否会打搅到教师的课堂教学，等等。面对特殊儿童的情绪和行为问题，很多时候家长会无所适从，不知道正确的处理方法，要么放任迁就，要么采取简单粗暴的方式，这两种方式都无法从根本上消除这些情绪和问题行为。

此时，作为培智学校的专业教师，需要根据特殊儿童的情绪和问题行为，制订干预方案，采用相应的行为矫正手段，请家长在生活中积极配合，帮助孩子克服自己的情绪和行为问题。同时，教师应教给家长一些易于操作的行为矫正方法，如正强化、负强化、正向行为支持、代币制、系统脱敏、合同法、隔离法、行为代价法等常见方法。教师可以为家长制作简单易实施的行为和情绪管理清单，指引家长在日常生活中按照程序化的清单去进行操作。针对学生的行为和情绪问题，教师还可以有针对性地向家长推荐关于行为心理、行为矫正、行为管理方面的文章、视频、书籍等，帮助家长深入、系统地学习，引导家长和孩子共同成长，让家长在面对孩子的情绪和行为问题时用科学的方法进行处理，帮助孩子形成自主管控能力，从而走近同伴、融入社会。

五、及时系统反馈，增强家长信心

相较普通儿童而言，特殊儿童的进步呈现出细微性、缓慢性和突然性的特点。因此，很多家长在养育孩子的过程中更多地接收到来自学校教师和其他家长对自己孩子负面行为的"投诉"，而关于孩子进步的方面却比较少，这也在很大程度上降低了他们在养育孩子方面的自信心，也会影响他们生活的质量。有研究指出，特殊儿童家长大多长期承受巨大的心理压力，心理自责和自卑，甚至患社交退缩症。

因此，培智学校教师要通过做好特殊学生在校时的表现反馈工作，增强家长的养育信心，调动起他们家校协同育人的积极性。首先，在日常教学工作中，教师要留心观察特殊学生的行为表现，依托于IEP所制定的目标，系统建立起学生的成长档案，形式包括文字、图片和影像。尤其是影像资料，能直观地反映出学生的进步情况。比如，学生刚开始到学校吃饭的时候经常弄得满身是饭，还用手抓，后来经过教师的教导，学生不但不会将饭弄在身上，还能够比较熟练地使用筷子，这种变化通过视频呈现出来，能够达到十分好的展示效果。其次，教师要利用好家长会、学生生日、学期结束评估会等特殊时间节点将相关资料制作成合辑，直观展示出智障学生的成长变化。最后，在日常教学工作中，培智学校教师还要注意利用代币、班级小奖状、作品展示等形式及时向家长反馈孩子在校的表现，通过这些途径与方式及时向家长呈现特殊学生的优点和进步，让家长收获对孩子教育的信心，收获对生活的信心。

参考文献

[1]方俊明.特殊教育学[M].北京:人民教育出版社,2005.

[2]何晓婷,袁珊珊,江琴娣.融合教育中普通儿童家长对特殊儿童的态度调查研究[J].现代特殊教育,2018(24):52-57.

聋校初中信息技术课的实践与探索

河源市博爱学校　李燕珠

一、听力障碍学生的认知特点

由于听力受损,听力障碍学生平时主要通过手语或书面语与他人沟通。他们主要依靠视觉、触觉、味觉、嗅觉等途径感知外界事物,其中视觉代偿能力得到了长足的发展,他们对于直观形象的东西记得快,再现能力也较强,不善于记忆抽象内容。信息技术课,整合了各种资源,很多事物都可以通过直观的方式展示给学生,具有较强的生动性和趣味性,受到学生的普遍喜欢。

二、聋校初中信息技术课开设背景

(一)网络迅速发展的需要

21世纪是一个多元化的世纪,以计算机和互联网为代表的当地信息技术正以惊人的速度改变着人们的生活方式和学习方式。同样,信息技术在聋校教学中也广泛应用,不仅使教与学的模式和方法、教学环境、教育观念和教育思想发生着变化,更重要的是给教育教学工作带来了很大的便利和生命力,使学生的学习活动变得更加形象与生动。因此,随着信息化社会的发展,人们需要掌握更多的信息渠道和获取信息的手段，其中信息技术是信息社会必备的生存手段。

（二）聋生参与社会生活的需要

《"十四五"特殊教育发展提升行动计划》指出：特殊教育是教育事业的重要组成部分，是建设高质量教育体系的重要内容，是衡量社会文明进步的重要标志。这体现了国家对于特殊教育的重视与关心，因此听力障碍学生应该积极参与到社会生活中来。在以前，听力障碍学生主要是通过笔和纸这种较低效的方式与他人沟通，在聋校则主要是通过手语与教师、同学沟通。但随着网络时代的到来、社会进入了信息时代，越来越发达的通讯、交流技术手段，使得听障人士参与社会生活的沟通变得容易多了。

（三）聋校教育信息化的需要

《基础教育课程改革纲要（试行）》提出大力推进信息技术在教学过程中的普遍应用，促进信息技术与学科课程的整合，逐步实现教学内容的呈现方式、学生的学习方式、教师的教学方式和师生互动方式的变革，充分发挥信息技术的优势，为学生的学习和发展提供丰富多彩的教育环境和有力的学习工具。聋教育学校的信息化就是针对听力障碍儿童的生理和心理特点，在教育的各方面充分运用信息技术开展语言训练，使学生能够融入主流社会与大多数人群沟通、交流，最终实现聋校教育现代化的过程。信息技术教育普及是聋校教育信息化的核心。聋校的根本教育目标是：聋生应具有一定的生活能力、社会交往能力和适应社会生活的能力。信息素养正是听力障碍学生融入信息社会所必备的重要技能之一。聋校信息技术教育是培养听力障碍学生信息素养的重要途径。聋校信息技术教育包含信息技术学科教育、信息技术在学科教学中的应用、信息技术在学校教育活动中的应用等几个方面。信息技术学科教育是目前聋校信息技术教育的重要环节。

三、聋校初中信息技术课的实践

初中阶段的听力障碍学生基本上在小学阶段都已经接触了信息技术课，也具备了一定的信息技术素养。在平时的教学实践中，我总结了以下三个方面的内容，以供参考。

（一）教学内容选择偏向职高开设的课程内容

大多听力障碍学生在接受完义务教育阶段会继续选择就读高中或者职中，招收他们的学校开设的专业大多与计算机有关。初中阶段的信息技术课应起"承上启下"的作用，虽然在听力障碍学生参加中考时，信息技术课并没有列入考核的范围，但是其对于听力障碍学生日后进入高中或职中的学习还是有一定的帮助的。因此在课程的学习上，聋校可以参考高中或职中的课程开设，有针对性地为听力障碍学生打好基础。

（二）加强信息技术课与其他学科的整合

多媒体计算机技术将文字、图片、视频、动画等多种信息进行有机融合，具有交互性和灵活性的特点，能够充分调动听力障碍学生学习的积极性，激发其想象力和创造力，真正发挥听力障碍学生在学习中的主体作用，同时让听力障碍学生能运用所学知识解答其他学科遇到的问题。

1. 网上搜集资料能力

随着年级的增长，听力障碍学生所接触到的知识越来越广泛，书上只是涉及一小部分，学生如果想深入学习，最便捷的方法就是通过网络学习。如何能够较准确、快速查询到所需内容，这就需要有一定的网络资料搜集能力，我们要教给学生这样的能力。例如，在教七年级上《秋天的怀念》时，我们可以教会学生如何搜索作者的相关信息、文章的写作背景等。

2. 体验信息技术在学科上的运用

信息技术教师在授课前，可以事先了解学生目前其他课程的学习情况，有哪些内容适合与信息技术课进行整合。例如数学学习扇形统计图，由于手绘统计图比较麻烦，耗时而且较难做到美观，这时信息技术教师可以让学生用Excel制作图表，学生对这样的内容比较感兴趣，他们做完时会很有成就感。

（三）加强个性化上机作业设计

信息技术课突出的特点是实践操作性较强，主要通过上机操作进行学习，所以上机作业的设计很关键，它决定着激发起学生的学习兴趣和最终的学习效果如何。作业的设计可以从下面三点入手。

1. 设计分层作业，满足不同程度的听力障碍学生

新课程改革要求教师尊重学生的个性，关注学生的个体差异。听力障碍学生之间的差异是客观存在的，有些学生的动手能力强，有些学生的动手能力弱，参差不齐。因此教师在设计和布置作业时，要从听力障碍学生的实际情况出发，针对他们不同的学习能力、已有基础设计不同层次的作业，从而让每一个听力障碍学生都能在完成作业的过程中获得成功的体验。聋校班级学生数比较少，这为我们教师设计个性化作业提供了有利条件。例如在教学用Word制作校园板报时，我们将作业分成如下三个层次：A层次为基础要求，即会设置页面、插入图片，能使用艺术字和自选图形进行简单修饰；B层次为提高技术要求，即会使用PS对插入的图片进行美化；C层次为艺术要求，即版面布局合理，色彩搭配协调。

2. 丰富素材，激发听力障碍学生的学习兴趣

丰富的素材对于主要依靠视觉进行学习的听力障碍学生来说是很重要的。因此素材的准备不能局限于教材或一些陈旧的典型案例，应考虑到学生的年龄特征，结合实际生活、学生兴趣爱好等。比如热播的《奔

跑吧兄弟》，学生大多都喜欢看。在学习Excel筛选和排序时，我们设计了一个速度排行榜，挑选《奔跑吧兄弟》里面的几名成员，学生可以筛选自己喜欢的成员，也可以对喜欢成员的成绩进行排序。对于这种类型的作业，学生很是感兴趣。

3. 作业的形式讲究多样

聋校信息技术课的最终目的是提高听力障碍学生的信息素养。在作业的设计上面不能局限于书上给定的要求、设定好的版式，我们应多贴近生活。比如在学习Word制作小板报的时候，我们可以结合学校当月的德育主题，如"学习雷锋""弘扬传统文化"等，让学生通过上网或者直接从班级的黑板报、学校的宣传栏等途径收集资料，这样更有利于学生的综合能力培养。

总之，聋校初中信息技术的开展，离不开教师的精心设计，更离不开教师对学生的学情分析。切实提高学生的信息素养，使学生真正掌握所学知识，是我们信息技术教师不断追求的目标。

参考文献

[1] 曹娇玲. 聋校信息技术课程特点与教学模式探究[J]. 中小学实验与装备，2011（4）：11–12.

[2] 中国共产党中央委员会，中华人民共和国国务院. 中共中央国务院关于深化教育改革全面推进素质教育的决定[J]. 决策咨询，1999（3）：6–11.

[3] 中华人民共和国教育部. 基础教育课程改革纲要（试行）[J]. 学科教育，2001（7）：1–5.

非传统领域特殊儿童潜能开发初探

深圳元平特殊教育学校　赖华南

教育部等国家部委共同颁布的《特殊教育提升计划（2014—2016年）》和《第二期特殊教育提升计划（2017—2020年）》均提出要尊重差异，多元发展，促进特殊儿童的潜能开发和功能补偿。深圳元平特殊教育学校在教育部文件精神的指引下，不仅在传统的音体美领域的特殊儿童潜能开发上取得大量成果，也在音体美之外的非传统领域进行了初步探索，并取得了一定的突破和经验，获得了良好的教育效益和社会效益。因此，非传统领域特殊儿童潜能开发正成为一个特殊教育研究的新课题。

一、特殊儿童潜能开发的相关理论

（一）多元智能理论

多元智力理论最早由美国哈佛大学心理学家加德纳提出，他认为智力需要包括一系列解决问题的能力和在一种或多种文化中创造有价值的新产品的能力，至少包括言语语言能力、逻辑数学能力、视觉空间能力、身体运动智力、音牙节奏智力、人际关系智力、内省智力七种智力，后来他又补充了一种自然观察能力。每一个人身上都同时存在着这八种智力，只是水平不同，侧重点不同。这在特殊儿童身上体现得最为明显，如视力残疾儿童在音乐节奏能力方面较好，有的自闭症儿童在音乐和绘画方面有着特别的天赋。这个理论既为特殊儿童潜能开发指明了方向，也能鼓舞特教教师挫败后的信心：每个学生都有相对优势的领域。

（二）蒙特梭利教学法

蒙台梭利教学法是意大利第一位女医学博士玛丽亚·蒙台梭利女士所提倡的教学方法。它着重于对孩子秩序感、专心度、手眼协调和独立能力的培养。蒙台梭利有一个重要的发现，即儿童智力发展的"敏感期"问题。蒙台梭利发现儿童在6岁之前的不同阶段对语言动作、细节、程序、阅读、书写等会表现得很敏感，这段时期是教育的绝好机会，但是这段时间过后，这种强烈的兴趣就会消失。抓住时机进行教育就可以事半功倍。蒙台梭利的发现为特殊教育重视感知觉、认知能力的训练提供了理论支持。关键期理论提示我们特殊儿童自身才是潜能开发的主体，教师要提供适当的环境支持学生成长，对学生具体对什么领域发生兴趣要详细考察，要尊重学生的选择。

（三）全纳教育观

全纳教育是20世纪90年代国际上新兴的一种教育理念，1994年《萨拉曼卡宣言》提出：教育应该满足所有儿童的需要，每一所学校必须接受服务区域内的所有儿童入学，为这些儿童都能受到自身所需要的教育提供各种条件，并通过适合的课程、学校管理、资源利用及所在社区的合作来确保教育质量。这里除了谈到儿童受教育的权利外，更强调的是每个儿童都有其独特的特性、兴趣、能力和学习需要，学校必须认识到学生的不同需要，满足学生不同的学习风格和学习速度，并确保每个人受到高质量的教育。全纳教育要求教师应根据学生的差异提出不同的教学内容和要求，使不同类别、不同程度的残疾学生都能够通过教育得到发展和提高。全纳教育同时强调机会权利均等和差异原则。对特殊儿童而言，能获得个性化的潜能开发教育，是他们应有的权利。

二、特殊儿童潜能开发的领域拓展

（一）特校之外残疾人的成才领域无比宽广

历史上许多伟大人物因为其杰出成就而令世人瞩目，与骄人业绩相伴的是他们鲜为人知的各种缺陷或障碍。例如：美国发明家爱迪生、德国作曲家贝多芬等有听力残疾，英国作家赫胥黎、美国总统杜鲁门等有视力残疾，美国著名盲聋女作家海伦·凯勒、德国天文学家开普勒兼有听力、视力残疾，法国启蒙思想家卢梭、美国总统罗斯福、英国物理学家霍金、我国数学家华罗庚、当代作家史铁生等有肢体残疾，德国物理学家及诺贝尔奖获得者爱因斯坦、意大利画家达·芬奇、法国雕塑家罗丹、二战期间盟军名将巴顿将军等有不同程度的学习障碍，古希腊哲学家亚里士多德、英国科学家法拉第、英国首相丘吉尔等有人际交往障碍，进化论的创立者达尔文、遗传定律发现者孟德尔、德国作曲家舒曼、德国哲学家尼采、荷兰画家梵·高等有情绪障碍或行为失调……这些伟人的残疾可能会激励他们发展自己过人之处的决心，激励他们与某种缺陷抗争并获得杰出的成就。由此可见，只要潜能得到充分开发，残障者一样可以在无比宽广的领域成名、成家。

（二）特校潜能开发主阵地音体美领域的优势和不足

特殊儿童在语、数、外等主科的学习上全面落后于普通儿童，特教教师难以获得普校教师的成就感。因此，音体美领域成为特殊儿童潜能开发的主阵地。音体美领域的潜能开发有三个优势：第一，有专任教师。音体美领域专业性较强，一般特校也都会聘任专业对口的教师来执教。第二，有比赛平台。国家和省市各级别残联组织的残疾人文艺汇演、残运会、特奥会和美术作品比赛等活动已经构成体系，形成传统，学生成长路径丰富。第三，社会效益好。残疾人音体美比赛具有更好的辨识度和传播效应，能得到各部门支持。音体美领域的潜能开发有两个不足：第一，音体美的专业技能学习需要时间较长，大量的学科教师和班主任不具备这些技能，也就难以参与这些领域的特殊儿童潜能开发工作。第二，特殊儿童习惯了在残疾人圈子里活动，没有进一步和普通学生融合的动力。

（三）非传统领域特殊儿童潜能开发的兴起

非传统领域是指语、数、外、音、体、美之外的领域。近年在深圳特殊教育界兴起的非传统领域主要有三类：第一类是模型类比赛，如航海模型比赛、建筑模型比赛和比例模型比赛，这些活动适合动手能力较好的学生。第二类是智力运动，包括围棋、象棋、国际象棋、国际跳棋和桥牌等项目，智力运动适合智力较好的学生发展，其中国际跳棋项目是特殊儿童潜能开发的新领域。第三是科创类活动。深圳市每年都有智力七巧板系列教育活动、青少年科技运动会、少年儿童发明赛等科创活动，都向特殊学生开放。这些项目适合综合能力好而且有一定创意的学生，相对音体美来说这些是比较"短平快"的小项目，普通特教教师通过短期学习能够上手，可以边带学生边提高，节省学习成本。

三、非传统领域特殊儿童潜能开发的要点

（一）潜能开发与缺陷补偿相结合

传统特殊教育更多的是缺陷补救式课程，主要从感官、知觉、行为、语言等方面进行相应的补救式教学，往往是缺啥补啥，忽视了学生的潜能开发。例如对听力残疾儿童的机械的口语训练，对智力残疾儿童的反反复复的语数补差，结果必然是事倍功半。潜能开发教育注重"扬长教育，不避短"，不放弃补救教育。例如对所谓的"指挥家"舟舟的教育，他好比画、指挥的"音乐天赋"就得到了很好的开发，带给了他

很强的自信心。潜能开发不拘泥于具体的学习领域，有时还刻意寻找学生的"最近发展区"，学生容易获得学习成就感和自信心，在这种状态下加入对言行举止和自理能力的要求，学生往往更容易接受，乐于去练习。和音、体、美领域的潜能开发一样，非传统领域的潜能开发也更重视发挥学生的"长处"和"优势"，同时将"扬长"与"补短"相结合，力争弥补缺陷，促进儿童的全面和谐发展。

（二）个别化课程和社团课程相结合

音、体、美领域的潜能开发一般是在常规课程中发现苗子，通过社团集体训练加个别化训练提高其水平，或让其输出作品去参加比赛或展示获得荣誉。非传统领域项目没有常规课程的支持，通常采用个别化课程和社团课程相结合的方式展开。我曾创建了深圳元平特殊教育学校智障教育部的棋类社团，通过社团课程为整个智障教育部的学生提供服务，同时为其中两名学生提供个别化训练课程服务。棋类社团课程和个训课程为学生走出特校打下了很好的基础，为特校学生潜能开发开辟了新的领域。社团课普及和提高，个训课提高和备赛，相得益彰。

（三）校内项目和校外平台相结合

非传统领域特殊儿童潜能开发通常需要在校内立项，统筹资源。一般校内项目很难走出特教圈子，只有结合校外平台，学生才有机会获得更好的发展。近年来，深圳元平特殊教育学校陆续借用校外平台，有模型类比赛的深圳市航海模型比赛、建筑模型比赛和比例模型比赛，还有智力运动类的系列深圳市国际跳棋比赛，以及深圳市有智力七巧板系列教育活动、青少年科技运动会、少年儿童发明赛等系列科创活动平台。校内练习和提高，校外交流和展示，达到了走出特校办特教的效果。

（四）团体项目促进个人项目

和传统领域的比赛一样，非传统领域的比赛一样分为团体项目和个人项目，特殊儿童一般水平不高，而且人数较少，因此个人赛队员通常也是团体赛的主力。近年的各种比赛相对更重视小团队之间的比赛。在日常的教学中，可以通过团体项目来促进个人项目的发展。例如国际跳棋队的团体成绩需要最好的两名男队员和一名女队员参与，参赛队员就有机会在个人成绩出局（未进入前八）的情况下拿到团体荣誉，从而增加个人信心。团体项目也让不同残疾类别的学生有机会混合编队，而不是像特奥残奥项目一样只能按残疾类别组队，混合编队有时有不一样的效果，也能促进个人项目的发展。

（五）教师和家长紧密协作

非传统领域特殊儿童潜能开发更倚重校外平台提供的交流机会。多数家长对于自己的残疾小孩学一点兴趣特长都是很支持的，但是他们对自己孩子去和普通孩子交流还是信心不足，有不小压力，有对失败的担心，也有对学生行为举止失当的焦虑，而安排特殊儿童去校外交流又需要教师和家长紧密协作，频繁沟通交接、准备等事项。因此教师必须引导家长降低期望，同时要鼓励家长提升信心和勇气，既要勇敢参与，又要坦然面对结果。潜能开发会让学生有新的心理成长，有些变化家长比教师更容易观察到，因此在教育反馈和评价上，教师需要和家长紧密协作，细致观察。

四、非传统领域特殊儿童潜能开发的趋势

（一）学生发展水平不断走高

近年来深圳元平特殊教育学校有五十多位特殊儿童在非传统领域取得成绩，从市三等奖到一等奖，从第八名到第一名的名次都有。其中深圳市航海、建筑和比例模型比赛，深圳市中小学和青少年国际跳棋比

赛，以及深圳市智力七巧板竞赛、深圳市青少年科技运动会等系列活动都有特殊儿童取得一等奖，有的学生还成为国际跳棋个人和团体冠军。这些获得冠军或一等奖的学生代表了当次比赛和深圳特殊儿童的最高水平。2019年多重残疾学生陈君曾经获得广东省棋类特色学校国际跳棋比赛冠军和全国青少年国际跳棋比赛第四名，并代表深圳队入围第五届全国智力运动会。

（二）双重特殊学生得到关注

在非传统领域特殊儿童潜能开发实践中，几个双重特殊学生被教师发现。其中一个自闭症学生王禹皓，连续在深圳市中小学国际跳棋比赛、深圳市智力七巧板竞赛和深圳市青少年科技运动会等比赛中夺得冠军或一等奖，而且这几个领域都没有自闭症学生成为市冠军的先例。他既有明显的障碍，又在多个领域有卓越的成绩，是典型的双重特殊学生。他能够具备一定的快速学习能力，得益于他上的潜能开发个训课。在传统的音、体、美领域他也有一定的成绩，但没有非传统领域这样突出。类似他这样的学生在非传统领域潜能开发实践中会得到更多关注。研究认为，双重特殊学生占残障学生总人数的3%~5%，如果一个学生的音、体、美都很一般，在传统的音、体、美潜能开发中就会被"漏掉"，非传统领域的潜能开发有可能是他们脱颖而出的方式。

（三）残障学生与健全学生同场竞技

非传统领域特殊儿童潜能开发项目一般都是借助校外平台展示的，所以各类残障学生与普通学生同场竞技就成为常态。前文所述的那些在深圳市获得冠军和一等奖的学生，他们的残疾类别分别很广，既有听障学生和视障学生，也有肢体残疾学生和言语障碍学生，还有精神残疾学生、智力残疾学生以及多重残疾学生。与健全学生同场竞技，对特殊儿童的潜能有一定的激发作用，很多孩子在活动中表现出超出教师预期的发挥。同时普通学校无障碍设施通常有待完善，陌生的环境、好动爱跑的普通学生，对特殊学生的适应能力和自我保护能力都提出了一定的要求，对带队特教教师的组织和服务能力也提出了更高的要求。

（四）特校师生的潜能开发同步推进

学生的语、数、外全面落后，而音、体、美又拿不出手，教学难以获得成就感，这是很多特教教师的职业困境。在对各类特殊儿童进行非传统领域潜能开发的同时，特教老师很自然地掌握了相应领域的技能，有的人还能获得一定的成绩，可以部分缓解其成就感缺失的挫折感。我曾在执教国际跳棋的过程中不仅把特殊学生培养成了省市冠军，自己也参加比赛并获得深圳市教师组国际跳棋冠军，并和葛红宁老师一起获得深圳市团体冠军。另外，我还获得深圳棋院颁发的优秀教练员证书和深圳市科学技术协会颁发的优秀辅导员奖，我所带的智力七巧板辅导团队中的谢琪等四位老师也获得过深圳市科学技术协会颁发的优秀辅导教师奖。因此，非传统领域的特殊儿童潜能开发让特教教师有机会在教学相长中形成正循环，特校师生的潜能开发可以同步推进。

参考文献

［1］中华人民共和国教育部.特殊教育提升计划（2014—2016年）［EB/OL］.（2014-02-13）［2017-03-16］.http：//www.gov.cn/xxgk/pub/govpublic/mrlm/2014 01/t20140118_66612.html.

［2］霍华德·加德纳.多元智能［M］.沈致隆，译.北京：新华出版社，1999.

［3］刘威.关于蒙台梭利教学法应用于培智学校数学教学的思考［J］.现代特殊教育，2016（19）：63-66.

［4］钮文英.拥抱个别差异的新典范：融合教育［M］.台北：心理出版社，2008.

［5］何侃.资优残障人才培养的理念和策略［J］.中国特殊教育，

2011（2）：14-18.

[6] 李秀，张文京.试论缺陷补偿与潜能开发[J].现代特殊教育，2005（3）：19-20.

[7] 郑权，张立昌，郑汉柏.特殊儿童个别化远程教育的设计研究[J].中国远程教育（综合版），2018（3）：27-33.

[8] 苏炳添，邓民威，徐泽，等.新时代中国男子100m短跑：回顾与展望[J].体育科学，2019，39（2）：22-28.

[9] 刘迎杰.双重特殊儿童的认知特点和干预策略[J].现代特殊教育，2018（24）：21-25.

中国特殊教育资源中心发展历程与展望

深圳市第二特殊教育学校 秦铭欢

特殊教育资源中心是具有鲜明中国特色的特殊教育组织形式，正作为推进中国融合教育发展的重要组织形式。但特殊教育资源中心的发展也面临着功能定位不明确，与特殊教育学校的关系理不顺、处理不好，等等问题。回顾特殊教育资源中心的发展背景，梳理其发展历程，总结我国特殊教育资源中心的特点，将为未来特殊教育资源中心发展提供参考。

一、特殊教育资源中心产生背景

（一）融合教育理念快速发展

特殊教育资源中心的发展与融合教育发展的关系密不可分，随班就读是中国融合教育本土化的实践模式。早在20世纪50年代，我国就已开始出现残疾儿童在普通学校随班就读的形式；20世纪80年代初期，我国东北一些普通学校招收智力残疾儿童就读，黑龙江也出现聋童、多重残疾儿童到普通学校就读的事例。直到1987年，《关于印发〈全日制弱智学校（班）教学计划〉（征求意见稿）的通知》第一次正式提出随班就读的概念。次年的全国特殊教育工作会议将随班就读确立为我国特殊教育的主体形式。在这一时期，通过国家的政策支持、随班就读试验和特殊教育研究的开展，我国的融合教育实践快速开展。1994年5月全国残疾儿童少年随班就读工作会议要求各地特殊教育学校在推进随班就读工作中发挥骨干中心作用，为普通学校派出巡回指导教师，等等，并要求各地尽快采取措施提高特殊教育随班就读的质量。同年8月出台的《残疾人教育条例》第一次通过国家政策法规将随班就读确立为正式的特殊教育安置形式，确定了我国融合教育的发展方向。9月国家教委将各类适龄残疾儿童少年入学率纳入普及义务教育评估验收办法，国家从普及义务教育角度出发，对残疾儿童少年入学率提出了明确要求，具有一票否决权，这对快速提高特殊儿童入学率和推进随班就读工作产生重要影响。

（二）随班就读发展面临挑战

融合教育理念从倡导到推广实践，随班就读模式从探索到普及完善，我国正在以适宜融合为目标，努力办好特殊教育。在1995年，我国随班就读学生数量已达17.73万人，占特殊教育在校人数的59.98%，已成为我国特殊教育的主要安置形式。但近二十年来，随班就读工作同样也面临着严峻挑战，普通学校的随班就读和普通学校附设特教班的学生占比持续下降，教育质量受到关注。2001年随班就读在校生达到26.99万人，约占在校残疾学生的70%，达到历史最高值后逐年开始缓慢波动下降。2010年随班就读在校生占在校残疾学生的比重降至60%。2019年随班就读在校生占在校残疾学生比重降至49.15%。"随班就坐""随班混坐"等问题同样较为突出，如何让随班就读学生接受有质量的教育成为不可回避的问题。为了推动随班就读工作的开展和提高随班就读学生的教育质量，各地因地制宜地开展特殊教育改革探索、创新组织形式，特殊教育资源中心则是其中之一。

二、特殊教育资源中心发展历程

（一）探索发展阶段：服务于随班就读工作（1995—2013年）

在快速推进随班就读工作的背景下，上海市凭借雄厚的经济基础、优质的教育资源等优势，将这一阶段随班就读工作重心确定为提高随班就读质量。1995年上海市教育委员会在两区一县开展提高随班就读质量的实验。同年12月，上海市静安区便试验成立了一个集教育行政、教育研究、特殊教育学校和提供随班就读指导的机构——"静安区特殊教育指导中心"，这是中国大陆有记录的第一个特殊教育资源中心。随后，上海市持续加强特殊教育资源中心建设，这一个时期的特殊教育资源中心主要负责行政推进随就读工作和提供随班就读工作的指导。1997年，上海市教育委员会出台了《关于在本市普通中小学开展随班就读工作的暂行规定》，文件第六条明确规定各区县在本地区设立特殊教育康复指导中心。2006年，上海市教育委员会颁布了《关于加强随班就读工作管理若干意见》，在各区县特殊教育康复指导中心的基础上，新建4个听障教育康复指导中心和1个视障教育康复指导中心，并明确了特殊教育康复指导中心的职责，为辖区内的随班就读学生提供服务。上海基本形成了以特殊教育康复指导中心为核心，普通学校、特殊教育学校共同参与的市、区两级随班就读区域网络化管理体系。2010年，上海市教育委员会和华东师范大学共同建设全国首家集咨询、研究、评估、服务于一体的市级特殊教育资源中心。同年，国内第一家实体性质的区级特殊教育资源中心在上海长宁成立，拥有独立法人、独立编制、独立账户与预算、独立场地与设施。

除了上海外，同为长三角地区的江苏省、浙江省也开始了特殊教育资源中心的探索。2004年江苏省常熟市依托常熟市特殊教育学校建立了市级特殊教育资源中心。2005年浙江省教育厅和浙江省残疾人联合会联合成立了省级视障教育、听障教育和智障教育资源中心，负责全省三类特殊教育的指导、教师培训和特殊学生咨询等工作，后来这三个特殊教育资源中心被整合成具有综合性的"浙江省特殊教育指导中心"。

从1995年上海市开始探索区县级特殊教育资源中心的建设，到2005年浙江省组建3个省级特殊教育资源中心，我国的特殊教育资源中心发展经历了从无到有的过程，初步成立了省级、市级、区县级三级特殊教育资源中心，初步奠定了我国特殊教育资源中心的基本格局。但这一阶段的特殊教育资源中心主要集中于东部沿海地区，尤其是长三角地区，是以地方政策为指导，探索支持随班就读的产物。总体来看，这一阶段的特殊教育资源中心的数量较少，名称不统一；服务功能较为单一，以服务于随班就读工作为主，兼有教育行政和教育研究功能；独自发展，没有统一的运行和评价标准。

（二）快速发展阶段：服务于区域特殊教育发展（2014年至今）

2014年，特殊教育资源中心的建设进入快速发展阶段。2014年1月，国务院办公厅颁布了《特殊教育提升计划（2014—2016年）》（以下简称为"一期提升计划"），对于特殊教育发展具有划时代意义，同样对特殊教育资源中心的发展也具有重大意义。在一期提升计划指导下，中西部的部分地区也开始了特殊教育资源中心的建设工作。2014年11月，四川省成都市明确要求加快推进特殊教育资源中心建设，建设1个市级特殊教育资源中心和21个县级特殊教育资源中心，并配备巡回指导教师为残疾学生提供个别化教育服务，并制定了成都市、区县资源中心和普校资源教室建设标准。2015年9月，陕西省为"建设特殊教育指导中心"印发了《陕西省特殊教育指导中心建设项目实施方案》和《陕西省特殊教育资源中心建设项目实施方案》，明确要求2016年在各个地级市建立特殊教育指导中心，在各个区县区建立特殊教育资源中心，发挥特殊教育专业资源的作用，以提升区域特殊教育发展水平。2015年，云南省也出台文件并在昆明学院学前教育与特殊教育学院设置云南省省级特殊教育资源中心，指导全省特殊教育高质量发展。

但是我国特殊教育资源中心真正全国范围快速发展还是在2017年《残疾人教育条例》修订后。这是在全国范围内第一次用法律条例形式提出"支持特殊教育学校建立特殊教育资源中心"。随后出台的国家政策纷纷将支持特殊教育资源中心作为一个重要方面。2017年7月国家七部委共同通过的《第二期特殊教育提升计划（2017—2020年）》同样提出了"支持特殊教育学校建立特殊教育资源中心，提供特殊教育指导和支持服务"。2020年6月教育部印发的《关于加强残疾儿童少年义务教育阶段随班就读工作的指导意见》要求发挥资源中心作用，更好为区域内承担随班就读工作普通学校提供专业服务。2022年1月，教育部等七部委印发了《"十四五"特殊教育发展提升行动计划》，特殊教育资源中心被作为特殊教育保障机制重要组成部分，提出"大力推进国家、省、市、县、校五级特殊教育资源中心建设""逐步实现各级特殊教育资源中心全覆盖"。

特殊教育资源中心正不断为辖区内的各类融合学校提供丰富的特殊教育资源和服务，随着融合教育的不断发展，特殊教育资源中心也发挥着更为重要的作用。持续有力的政策出台，要求各地加快建设并实现省、市、县特殊教育资源中心全覆盖。截至目前尚无有关特殊教育资源中心的全国性官方统计，依据已有报道和研究统计发现，上海、重庆、浙江、江苏、云南和陕西等省市已基本实现特殊教育资源中心全覆盖。贵州省、广西壮族自治区等地区也陆续在统筹县域内城乡义务教育一体化改革发展文件中明确提出全面提高特殊教育普及水平，改善特殊教育办学条件，加强资源中心建设和管理。其他部分省市明文要求每个县将建立特殊教育资源中心，正依托于特殊教育学校资源快速推进特殊教育资源中心建设工作。保守估计，截至2021年底全国已建立了超过两千个特殊教育资源中心。

除了数量的迅速增长外，特殊教育资源中心的质量也在快速提高。各地不断补充和完善特殊教育资源中心的资源和保障措施，其中上海市对各区特殊教育资源中心进行改革，各区特殊教育指导中心获得人事部批准，组建了正式团队，拥有12~20人名额的人事编制。2017年江苏省依托南京特殊教育师范学院成立了省级特殊教育指导中心，由省教育厅基础教育处处长任中心主任，由南京特殊教育师范学院聘用专职人员负责日常工作。在组织建设上，各地也因地制宜地调整了特殊教育资源中心的组织设置，如2015年浙江将原有的视障、听障和智障三个省级特殊教育资源中心重组为浙江省特殊教育指导中心，同时兼具集研究、评估、咨询、服务于一体的跨学科多功能；2017年云南省设立三个省级特殊教育资源分中心，即职业教育、盲教育和培智教育资源中心。

在职能运行上，发展较早的特殊教育资源中心在发挥随班就读指导功能的同时，将服务对象扩展为区域有特殊教育需要的学生，更好地发挥"管理与服务、研究与指导、评估与训练"的功能，为区域学前融合幼儿园、特殊教育学校、普通学校等机构，以及区域内有特殊需要的学生提供专业支持和资源。与此同时，特殊教育资源中心发挥着服务区域特殊教育的积极作用，如苏州市特殊教育指导中心每年提供500人次的筛查评估服务，并为特殊需要学生和家长开展"预约制"服务。特殊教育资源中心的管理正在逐步规范，特殊教育资源中心的建设被纳入当地行政考核要求，特殊教育资源中心的评价、奖励机制得以完善。例如，陕西省特殊教育工作先进工作典型评奖，将特殊教育资源中心作为单一类型，进行"先进特殊教育资源中心"评选；成都市出台《成都市区（市）县特殊教育资源中心建设标准（试行）》，开展了首批"市级示范性特殊教育资源中心"评定；等等。

三、我国特殊教育资源中心特点

（一）发展特点：地方试点，全国推广

先试点后推广，是我国改革发展的成功经验，在特殊教育领域同样如此。特殊教育资源中心的发展也是先点后面、先局部后全局。在探索发展阶段，上海、浙江等部分特殊教育资源条件较好的地方率先尝试建设特殊教育资源中心，构建以特殊教育资源中心为指导的随班就读支持体系。在探索过程中，各地依据实际不断调整特殊教育资源中心的组织结构、组织设置、工作重点等。例如，上海市在区县级特殊教育资源中心全覆盖的基础上，根据障碍类型和区域分布增设了4个听障教育康复指导中心和1个视障教育康复指导中心；上海长宁区结合特殊教育资源中心在实践中遇到的困难，调整了组织设置，建立了第一个具有独立法人资质的特殊教育资源中心。

东部地区的特殊教育资源中心探索是依据当地特殊教育实际需要而自发产生的，在实践中不断调整和完善。地方的探索尝试提供了大量特殊教育资源中心的建设经验，既有助于降低改革风险，也有利于在新建特殊教育资源中心过程中做出科学决策，更有助于面向全国推广。在一期提升计划引导下，更多中西部地区开始探索建设特殊教育资源中心。直到2017年，《残疾人教育条例》和《第二期特殊教育提升计划（2017—2020年）》正式在国家层面提出特殊教育资源中心制度。这是国家通过政策法规的形式，要求全国广泛建设特殊教育资源中心，为相关群体提供特殊教育指导和支持服务。

（二）体系特点：多级网络，系统支持

特殊教育资源中心最重要的功能是以中心为基点构建区域性的特殊教育支持服务体系，满足相关群体的需求，以提高区域特殊教育发展质量。1988年，第一次全国特殊教育工作会议正式提出"逐步形成一定

数量的特殊教育学校为骨干，以大量特教班和随班就读为主体的残疾少年儿童教育格局"的思想。随着"一个都不能少"的思想影响，特殊教育资源中心"以送教上门和远程教育为补充"，形成了较为完整的特殊教育安置格局。随着特殊教育内涵式发展和特殊教育资源中心的建设完善，浙江宁波、江西南昌等地开始探索以"以特殊教育资源中心为指导，以普通教育学校为主体，以特殊教育学校为骨干"的特殊教育新发展格局。

特殊教育资源中心作为教育行政部门下属的一个特殊教育专业机构，直接由教育行政部门领导，据调查显示近半数的特殊教育资源中心主任由教育行政部门领导兼任。市级特殊教育资源中心对区（县）级特殊教育资源中心进行业务指导，并提供专业支持、资源支持等。区（县）级特殊教育资源中心将指导和支持区域内的特殊教育学校和普通学校的特殊教育工作，并对普通学校的资源教室进行协助管理。《"十四五"特殊教育发展提升行动计划》提出依托高校和科研机构建设国家级特殊教育资源中心，依托设在乡镇（街道）中小学建设校级特殊教育资源中心，将逐步实现特殊教育资源中心全覆盖。

（三）组织特点：资源集中，职能复合

特殊教育资源中心是具有中国特色的特殊教育组织形式，集中了教育系统、残联系统、医疗系统等不同领域的特殊教育资源，具有较强的资源协调能力，是重要的特殊教育交流平台之一。特殊教育资源中心发挥其平台的优势，能够具备和充分协调各种特殊教育资源，如康复训练设备、图书资料等物质资源，以及干预训练、评估量表等课程教学资源等。特殊教育资源中心凭借丰富多样的资源，将为各类的服务对象提供优质的支持，包括了教育行政部门、普通学校教师、资源教师、特殊儿童及其家长等。

丰富的资源也为特殊教育资源和中心承担多重职能奠定了基础。

我国的特殊教育资源中心通常是集管理、指导、培训、研究、服务于一体的特殊教育机构，同时兼具了行政性和专业性的职能。特殊教育资源中心参与区域特殊教育资源规划制定，管理和督导区域内的特殊教育发展；为随班就读、送教上门、医教结合等工作提供专业指导；为各类特殊教育教师提供师资培训；组织开展区域特殊教育科学研究活动；为特殊儿童及家庭提供社会服务支持。结合现阶段我国特殊教育发展实际，发挥集中力量办大事的体制优势，全力建设资源集中、职能复合型的特殊教育资源中心，将有助于提高现有特殊教育资源利用效率和提高区域特殊教育发展水平。

（四）目标特点：融合发展，优质均衡

教育对象的多元化是现代教育发展的必然趋势，为每一个学生提供合适的教育是学校应尽的责任和义务。特殊教育资源中心作为随班就读的专业支持服务机构，要特别突出其专业性，为普通学校随班就读提供专业支持。进入新时代，特殊教育的优质发展成为特殊教育资源中心的主要目标。发挥特殊教育专业和资源优势，为融合教育发展提供专业指导，为区域特殊教育发展提供资源保障。具体来看，特殊教育资源中心正通过组织评估、鉴定和安置，优先就近安置特殊儿童进入普通学校，做到"应随尽随"，并为普通学校提供持续的融合教育指导，包括指导制订和执行个别化教育计划、指导调整课程和教学设计、协助管理使用资源教室、组织教师培训等。特殊教育资源中心还将作为特殊教育智库为相关政策制定提供专业意见，参与区域特殊教育发展规划、质量监测和评价督导等工作，促进区域特殊教育优质均衡发展。

四、对特殊教育资源中心发展的展望

（一）探索明确特殊教育资源中心功能

特殊教育资源中心具有资源集中和职能复合的组织优势，但是由于

特殊教育、融合教育理念日趋多元化，特殊教育实践场景逐渐复杂化，以及学生对服务质量的要求日益提升，学校、教师、家长、研究者等对特殊教育资源中心提出了更多的要求，希望特殊教育资源中心能够解决所有特殊教育相关的问题。但显然，没有任何一个组织可以做到无所不能、无所不包，因此必须明确特殊教育资源中心的职能边界，这既是组织的责任和功能，也是组织履行职能的基础。目前，特殊教育资源中心的实践通常包括了管理、指导、培训、研究和社会服务几项基本职能。特殊教育资源中心需要进一步细化职能，结合现有资源情况，进一步明确具体服务内容，创新服务形式。例如指导职能，特殊教育资源中心能够依托信息技术、远程教育开展送教上门指导工作，增加服务频率，提高服务质量。

（二）完善特殊教育资源中心运行机制

特殊教育资源中心作为一个组织，不仅需要加强内部的组织建设，也需要发挥落实其在特殊教育支持体系中的作用。根据特殊教育资源中心职能和服务对象，基于专业分工原则、资源集中原则、教研训一体原则，完善特殊教育资源中心的组织结构，合理设置二级组织，如设置办公室、巡回指导组、送教上门组、教师培训组等。特殊教育资源中心在特殊教育支持体系中处于"承上启下"的关键位置，因此需处理好其与教育行政部门、其他政府职能部门、普通中小学校、特殊教育学校之间的关系。其中特殊教育资源中心作为重要的资源平台，肩负着联系不同政府职能部门之间的资源，需要与医疗部门、民政部门、残联等建立稳定的协作机制，如每学期开学的规划、期末的总结会议、互相沟通规划当前时期内特殊儿童教育面对的问题和挑战、所需的支持和资源等。

（三）培养专门专业的专职教师

优质均衡的特殊教育发展，离不开卓越专业的教师。目前，我国的特殊教育教师培养体系中并未设置与培养资源教师、巡回指导教师等人员工作技能有关的专业。特殊教育资源中心的巡回指导教师与传统的特殊教育学校教师面临的工作环境、面对的服务对象、所需要的专业技能都有很大的区别，所以现在高校特殊教育专业师范生的培养尚不能够满足特殊教育资源中心发展的需要。高校培养的特殊教育师资不仅要能够胜任所有教育场景中的特殊儿童的教学相关工作，还要具备专业指导、人际沟通与协调、区域特殊教育发展规划等综合能力，以及面对问题和挑战的自我发展潜力。因此，高校需要在特殊教育资源中心课程中增加融合教育场景下的理论知识学习和专业技能训练。此外，高校可以建立与特殊教育资源中心、融合教育学校等合作的机制，协作培养适合融合教育环境下的、满足特殊教育资源中心需要的专职教师。同时，特殊教育资源中心需要发挥其师资培训职能，完善职后师资培训，打造适合本地发展实际的巡回指导教师队伍。

（四）加强特殊教育资源中心的研究

特殊教育资源中心经过长期发展，已经积累了大量的实践探索经验。近年来，特殊教育资源中心在数量上增速迅猛，但是缺乏可以公开学习借鉴的发展经验。因此，在探索建设特殊教育资源中心的过程中，高校科研机构应该将探索过程变成研究过程，将实践经验变成理论成果，为更多新建特殊教育资源中心建设提供参考，为特殊教育理论研究提供依据。具体来说，鼓励高校科研机构关注特殊教育发展前沿趋势，支持多学科、跨学科的理论研究；鼓励特殊教育资源中心参与教学成果申报、教研课题申报等，通过科学研究将实践经验上升为教育教学理论。对于已有的典型经验、优秀研究成果等，需要进一步推广，将优秀教育教学成果从浅层推向深层、从理论推向实践，从而带动区域特殊教育内涵式发展。

参考文献

[1] 秦铭欢,赵斌.我国特殊教育资源中心发展现状调查研究[J].中国特殊教育.2022（4）：23-32,40.

[2] 谭蕾.特殊教育学校建设特教资源中心的实践研究：以邛崃市特殊教育学校为例[J].教育科学论坛,2017（31）：25-26.

[3] 李里,陈晓.云南省融合教育发展现状研究[J].昆明学院学报,2018,40（5）：48-53.

[4] 华国栋.加强教育研究 促进随班就读发展[J].中国特殊教育,2003（5）：5-9.

[5] 张继玺.从隔离走向融合：上海特殊教育研究（1978—2010）[D].上海：华东师范大学,2018.

[6] 景时.中国式融合教育：随班就读的文化阐释与批判[D].武汉：华中师范大学,2013.

[7] 全国残疾儿童少年随班就读工作会议.全国残疾儿童少年随班就读工作会议纪要[J].现代特殊教育,1994（6）：7-8.

[8] 赵永平.国家教委发出《关于颁发<普及义务教育评估验收暂行办法>的通知》[J].现代特殊教育,1994（6）：4.

[9] 全国特殊教育统计公报（1990—2000年）[EB/OL].（2002-03-08）[2002-03-26] https://www.edu.cn/edu/te_shu/zong_he/200603/t20060323_25868.shtml.

[10] 朱建华,邱轶.区域性特殊教育现代化模式研究与实践[M].上海：上海科技教育出版社.2009.

[11] 张煜晨.特殊儿童教育安置：随班就读问题与对策[M].西安：西安交通大学出版社,2017.

[12] 达理.上海成立特殊教育资源中心[J].现代特殊教育,

2010（1）：12.

[13] 许家成.以区域性变革推进特殊教育现代化：兼评上海市长宁区创建实体特殊教育指导中心的实践[J].现代特殊教育，2016，282（3）：1.

[14] 李泽慧.特殊儿童的优质教育：全纳教育培训手册[M].南京：南京师范大学出版社，2013.

[15] 浙教.浙江成立3个特殊教育资源中心[J].现代特殊教育，2005（6）：39.

[16] 成都市人民政府办公厅.成都市人民政府办公厅转发市教育局等部门关于《成都市特殊教育提升计划（2014—2016年）实施方案》的通知[EB/OL].（2014-11-12）[2014-11-25]. http://gk.chengdu.gov.cn/govInfoPub/detail.action?id=69181&tn=6.

[17] 王鹏，杨林艳.西部融合教育发展研讨会会议综述[J].乐山师范学院学报，2018，33（5）：137-140.

[18] 陕西省教育厅.陕西省特殊教育指导中心建设项目实施方案[EB/OL].（2015-11-23）[2015-12-02]. http://jyt.shaanxi.gov.cn/news/jiaoyutingwenjian/201512/02/10105.html

[19] 中华人民共和国国务院.中华人民共和国残疾人教育条例[EB/OL].（2007-11-14）[2019-01-28]. http://www.cdpf.org.cn/ztzl/special/CDRS/szkd/200711/t20071114_267890.html.

[20] 中华人民共和国教育部.教育部关于加强残疾儿童少年义务教育阶段随班就读工作的指导意见[EB/OL].（2020-06-28）[2020-06-22]. http://www.moe.gov.cn/srcsite/A06/s3331/202006/t20200628_468736.html.

[21] 中华人民共和国教育部，国家发展改革委，民政部，

等.“十四五”特殊教育发展提升行动计划［EB/OL］.（2022-06-21）［2021-12-31］.http://jsjy.wynu.edu.cn/info/4650/2247.htm.

［22］胡航宇.重庆：2016年各区县基本建成特殊教育资源中心［J］.山西教育：管理版,2015（11）：50.

［23］陕西省教育厅.对省政协十一届五次会议第9号提案的复函［EB/OL］.（2017-04-25）［2017-05-03］.http://ducha.shaanxi.gov.cn/suggest/websit/htmlfiles/tacont/13144.htm.

［24］贵州省人民政府.关于统筹推进县域内城乡义务教育一体化改革发展的实施意见［EB/OL］（2017-06-30）［2018-01-09］.http：//www.moe.gov.cn/jyb_xwfb/xw_zt/moe_357/jyzt_2016nztzl/ztzl_xyncs/ztzl_xy_dfjz/201801/t20180109_324058.html.

［25］广西壮族自治区人民政府关于统筹推进县域内城乡义务教育一体化改革发展的实施意见［EB/OL］.http：//www.moe.gov.cn/jyb_xwfb/xw_zt/moe_357/jyzt_2016nztzl/ztzl_xyncs/ztzl_xy_dfjz/201801/t20180109_324056.html.

［26］陕西省人民政府.关于统筹推进县域内城乡义务教育一体化改革发展的实施意见［EB/OL］.（2018-02-03）［2018-02-24］.http：//www.moe.gov.cn/jyb_xwfb/xw_zt/moe_357/jyzt_2016nztzl/ztzl_xyncs/ztzl_xy_dfjz/201802/t20180224_327673.html.

［27］江苏省基础教育厅,江苏省民政厅,江苏省卫生与计划生育委员会,等.关于建立特殊教育指导中心制度的通知［EB/OL］.（2017-10-27）［2017-11-01］.http：//jyt.jiangsu.gov.cn/art/2017/11/1/art_58359_7499063.html.

[28] 何文明.中国特殊教育的世纪回顾[J].现代特殊教育，2000（7）：42-44.

[29] 昝飞.发挥特教指导中心功能，构建高水平支持服务体系[J].现代特殊教育，2019（1）：8-9.

[30] 秦铭欢，刘霏霏.关于特殊教育资源中心职能期待的调查研究[J].教育与教学研究，2021，335（12）：111-120.

[31] 陈东珍.切实构建多方联动的随班就读支持保障运行机制[J].现代特殊教育，2020（21）：4-5.

[32] 赵斌，张燕.新中国七十年特殊教育师资培养：成就、问题与走向[J].中国特殊教育，2019（11）：3-9.

[33] 赵斌，秦铭欢.特殊教育"三型"师资培养模式的探索：西南大学"小班精英化嵌入式课程立体大课堂"培养模式的实践[J].现代特殊教育，2020（16）：13-18，66.